This is Dalí

디스 이즈 달리

초판 1쇄 발행 2014년 7월 15일
초판 2쇄 발행 2017년 9월 22일

지은이 캐서린 잉그램
일러스트레이션 앤드류 레이
옮긴이 문희경
펴낸이 김지훈
펴낸곳 도서출판 어젠다

출판등록 2011년 7월 26일(제2015-000263호)
주 소 서울시 마포구 양화로 7길 61-6(서교동)
전 화 (02)333-5897 | 팩스 (02)333-8460
이메일 agendabooks@naver.com

ISBN 978-89-97712-16-8 03600
이 도서의 국립중앙도서관 출판시도서목록(CIP)은 e-CIP홈페이지(http://www.nl.go.kr/ecip)와
국가자료공동목록시스템(http://www.nl.go.kr/kolisnet)에서 이용하실 수 있습니다.(CIP제어번호: CIP2014018362)

This is Dalí

디스 이즈 달리

글 **캐서린 잉그램**Catherine Ingram
일러스트레이션 **앤드류 레이**Andrew Rae
옮김 **문희경**

AgendA

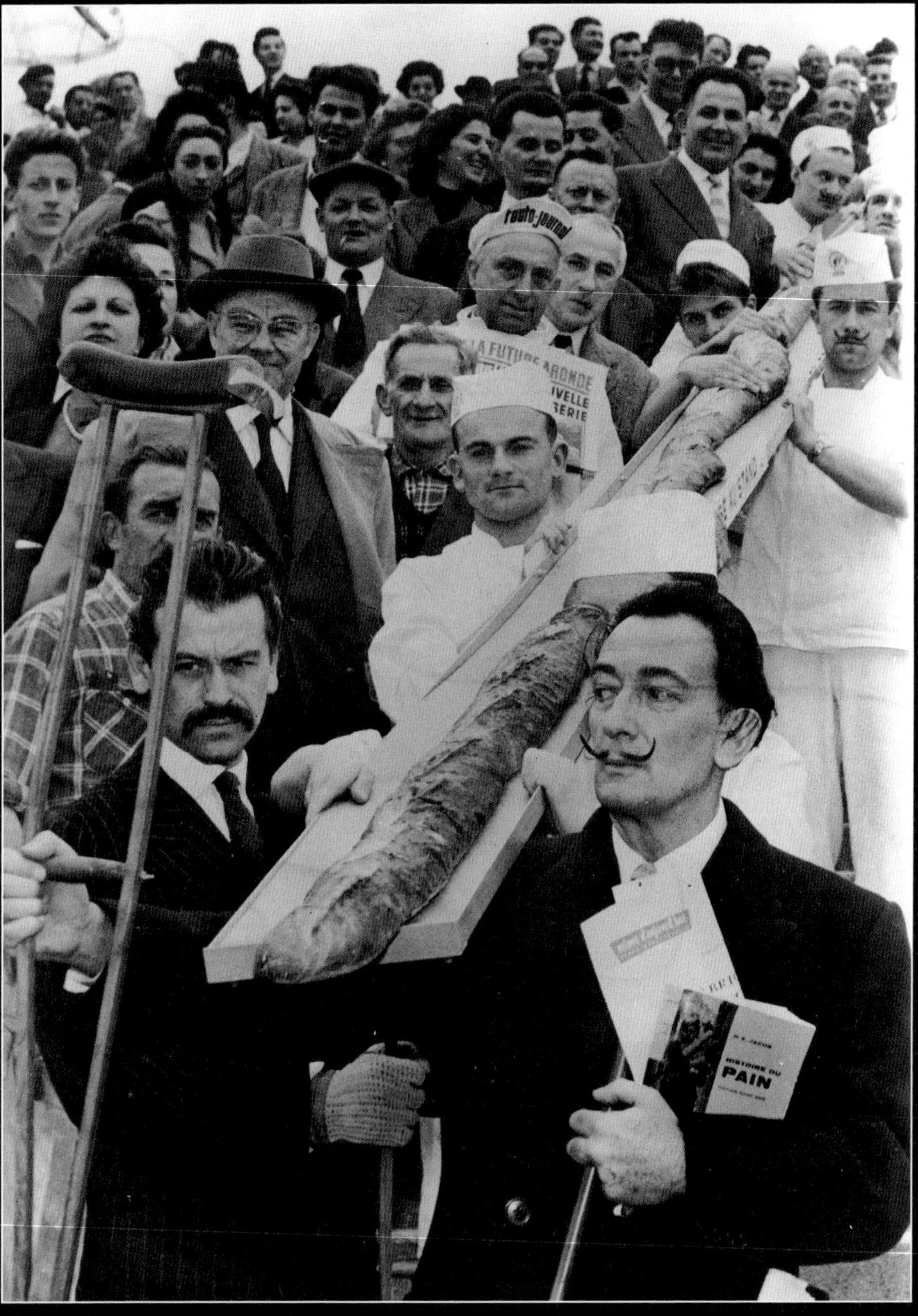
LA FUTURE ARONDE
HISTOIRE DU
PAIN

살바도르 달리 Salvador Dalí는 세계에서 가장 유명한 화가 중 하나로, 호화로운 생활, 중력을 거스르며 올라간 콧수염, 기상천외한 작품으로 유명하다. 달리와 제빵사들이 관을 옮기는 사람들을 흉내 내어 12미터짜리 바게트를 어깨에 올려 나른다. 맨 앞에서 행렬을 이끄는 달리는 엄숙한 표정이지만 뒤에 선 제빵사 하나는 히죽히죽 웃는다. 우스꽝스러운 이 장면에는 초대형 바게트와 사뭇 진지한 작가, 거대한 목발까지 등장한다. 평범한 것이 비범해지는 달리의 초현실주의의 본질이 드러나는 작품이다.

달리는 르네상스의 대가 – 위대한 유화 화가 – 라고 자처하면서도 순수미술의 정돈된 규칙을 깨트린다. 사람들은 달리에게 매료당했다. 사진작가 게오르그 브라사이George Brassaï는 이렇게 말했다. "나는 항상 생각을 한 발 앞지르는 달리의 재치 있는 유머를 좋아하고, 그의 콤플렉스와 진지함, 거침없는 상상력을 좋아하며, 달리의 머리가 돌아가는 방식을 좋아하고 … 가끔은 그의 그림도 좋아했다."

달리는 상업적인 작품으로 미술의 영역을 넓혔지만 당대에는 미술계에서 웃음거리가 되었다. 하지만 조금도 개의치 않았다. 달리는 돈을 사랑했고, 달리 현상으로 어마어마한 돈이 굴러들어왔다. 달리의 과대망상은 한도 끝도 없었다. "나는 매일 아침 눈을 뜨면서 내가 살바도르 달리라는 사실에 궁극의 희열을 맛보고, 깜짝 놀라서 나에게 묻는다. 오늘 나 살바도르 달리는 어떤 굉장한 일을 할 거냐고."

가족

살바도르 달리 도메네크Salvador Dalí Domènech는 1904년 5월 11일에 펠리파 도메네크 페레스Felipa Domènech Ferrés와 살바도르 달리 쿠시Salvador Dalí Cusí의 아들로 태어났다. 여동생으로 아나 마리아Ana María가 있었다. 살바도르라는 이름은 두 돌을 얼마 남겨놓지 않고 위장염으로 세상을 떠난 형의 이름을 딴 것이다. 아버지 살바도르 쿠시는 성공한 변호사였고, 집안이 유복한 편이었다. 달리가 태어난 이후 10년 동안 가족은 스페인 북동부 피게레스의 카레르 몬투리올 6번지에 살았다. 달리에 따르면 그는 집안의 왕이었다고 한다. "뭐든 내 마음대로 할 수 있었다. 여덟 살까지 이불에 오줌을 쌌는데, 순전히 재미로 한 짓이었다. 나는 집에서 절대군주였다. 아무리 잘해줘도 내 성에 차지 않았다. 부모님은 나를 떠받들었다." 달리는 사랑받았고, 그가 아무리 변덕을 부려도 모두 허용되었다. 달리가 아침에 눈을 뜨면 어머니는 아들에게 이렇게 물었다. "내 사랑, 뭐 하고 싶니? 내 사랑, 뭐 갖고 싶니?"

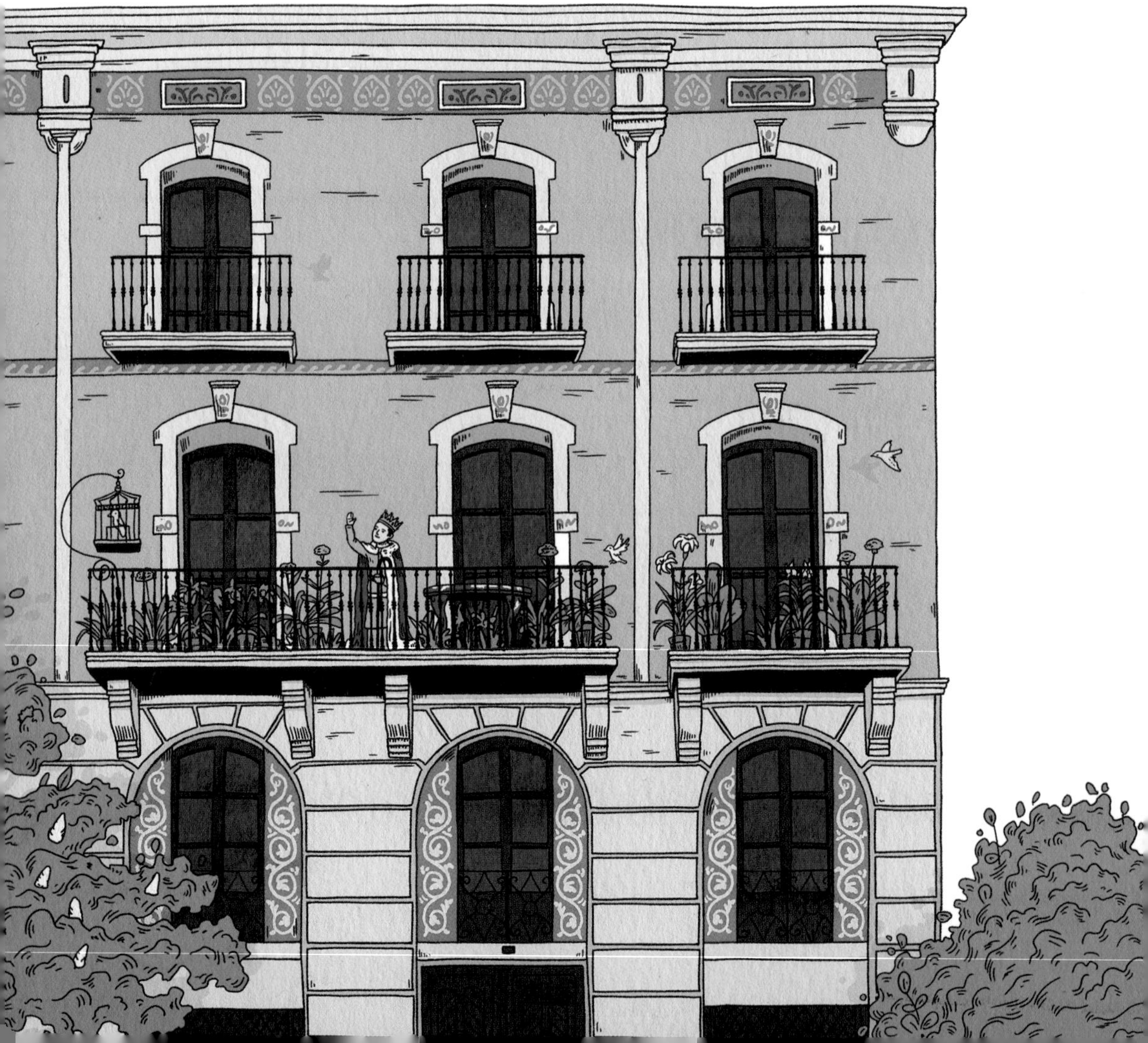

학창시절의 기억

달리가 네 살이 되었을 때 아버지는 그를 공립학교에 보냈다. 주로 가난한 집 아이들이 다니는 학교라서 어린왕자처럼 입고 다니던 달리만 혼자 튀어 따돌림을 당했다. 몹시 불행한 시절이었을 텐데도, 훗날 달리는 자서전 〈나는 세계의 배꼽이다The Secret Life of Salvador Dalí〉에서 소외당하고 외로운 처지를 그만의 우월성을 보여주는 징후로 기술한다. 달리의 첫 번째 스승인 에스테반 트라이터Esteban Trayter는 수정처럼 푸른 눈의 '공상에 빠져 사는 인물'로, 수염을 양 갈래로 땋아 무릎까지 늘어뜨렸다. 트라이터는 오래된 교회들을 뒤져서 찾아낸 유물을 교실에 가져와 학생들에게 보여주었다. 달리는 트라이터의 미술 수집품에 반했고, 특히 모피를 두른 러시아 소녀 그림에 매료당했다. 그는 소녀의 그림을 훗날 아내가 된 갈라의 모습이라고 믿었다.

2년 뒤 달리는 학교 공부를 따라가지 못했다. 어머니가 집에서 가르쳐준 알파벳도 잊어버렸다. 아버지는 몹시 화를 내며 달리를 피게레스 외곽 황무지에 위치한 프랑스어 학교에 집어넣었다. 수업이 모두 프랑스어로 진행되는 학교에서 달리는 더 큰 혼란에 빠졌다. 달리는 교실에서 공상에 잠긴 채 창밖의 편백나무를 바라보았는데, '짙은 빨강의 나무가 마치 … 와인에 담근 듯' 보였다. 집에서는 더 오래 몽상에 빠져 지냈다. 몇 시간이고 침대에 누워 천장에 생긴 눅눅한 얼룩만 하염없이 바라보며 갈색 얼룩을 어떤 형상으로 상상했다.

이야기를 지어내는 사람들

달리의 가족은 이야기를 지어내는 사람들로, 과거를 윤색해서 인상적인 이야기로 꾸몄다. 아버지는 달리의 할아버지가 의사였다고 말하고 다녔지만 사실은 코르크 만드는 사람이었다. 할아버지가 건물에서 뛰어내려 자살했을 때 가족들은 할아버지가 뇌손상으로 비극적으로 생을 마감한 것으로 이야기를 지어냈다. 달리는 집안의 전통에 따라 그만의 신화를 창조했다. 〈나는 세계의 배꼽이다〉에서는 어린 시절을 전혀 다른 모습으로 제시하면서 천재적인 화가에게 어울리도록 파란만장하고 흥미진진하고 음울하게 그린다.

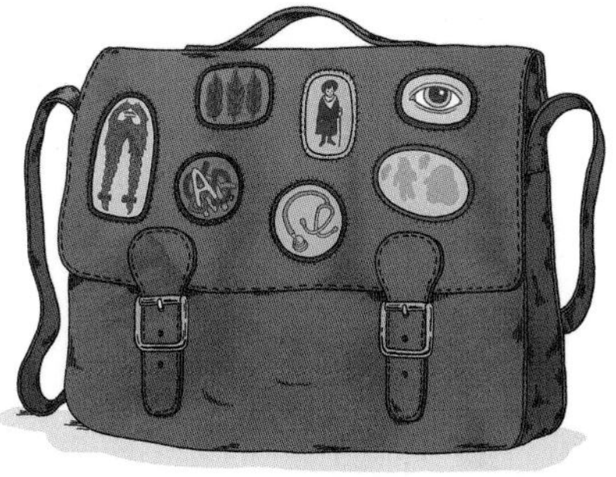

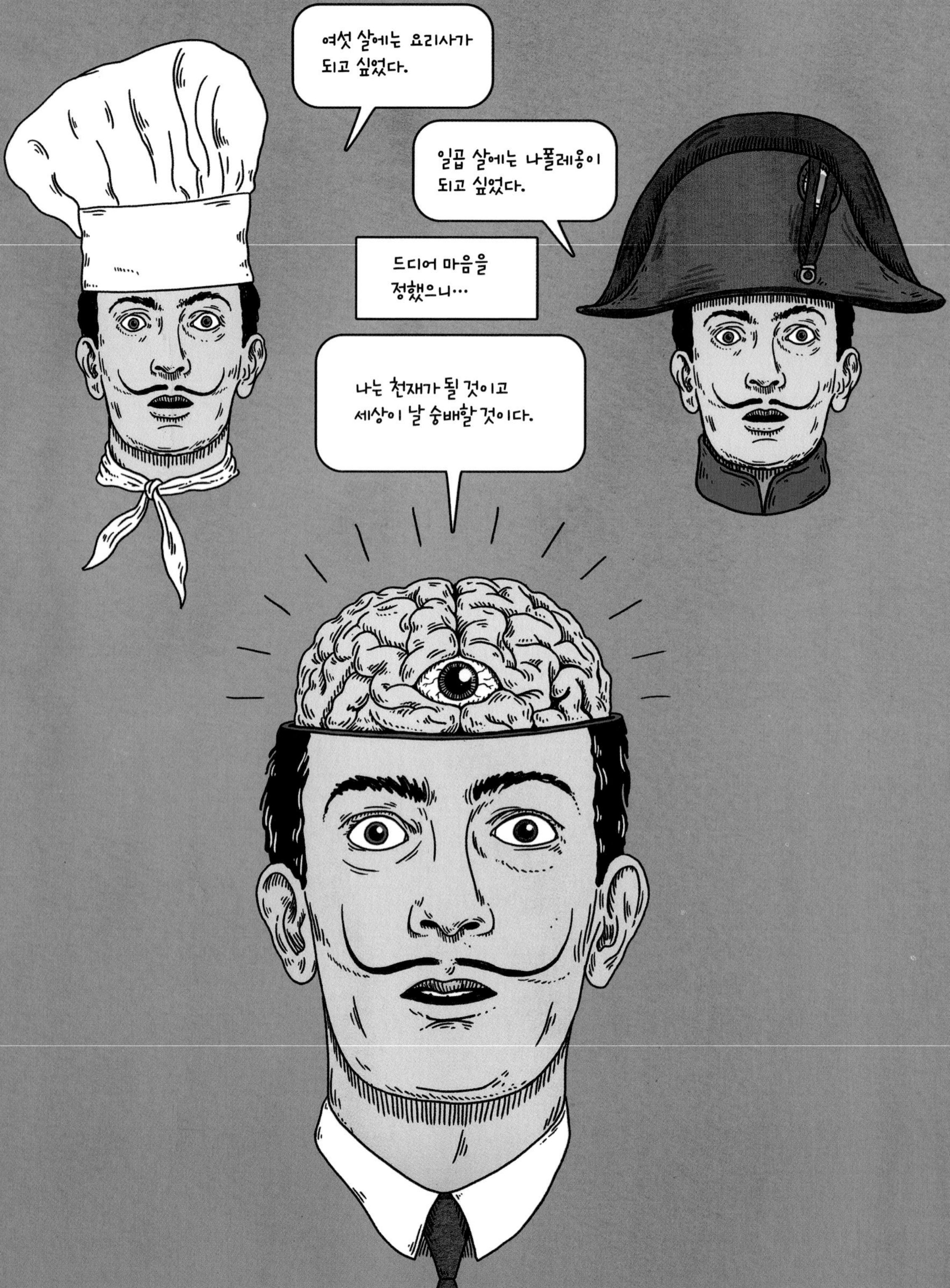
여섯 살에는 요리사가 되고 싶었다.
일곱 살에는 나폴레옹이 되고 싶었다.
드디어 마음을 정했으니…
나는 천재가 될 것이고 세상이 날 숭배할 것이다.

권력에 굶주리다

달리는 늘 형에 대한 기억을 떨쳐내지 못했다. 달리는 제 2의 살바도르였다. 부모는 어린 달리를 형의 묘지로 데려가 그는 형의 환생이라고 말했다. 달리는 형의 그늘 아래서 성장했다. "형과 나는 두 개의 물방울처럼 닮았지만 생각은 서로 달랐다. 형도 나처럼 누가 봐도 천재의 얼굴이었다. 형이 놀랄 만큼 조숙한 징후를 보였지만 형의 눈길에는 함부로 넘보지 못할 명민한 사람 특유의 비애가 드리워 있었다. 반면에 나는 형보다 덜 영리했지만 모든 것을 반추할 줄 알았다."

달리는 권력에 집착했다. 〈나는 세계의 배꼽이다〉에는 그의 강압적이고 잔인하기까지 한 면모가 드러나는 어린 시절 일화가 나온다. 어린 달리는 여동생을 발로 차고 어떤 아이를 다리 밑으로 떠밀었다. 무자비한 야망은 갈수록 커지고 폭압적인 태도는 노년까지 이어졌다. 노년의 달리는 종을 여러 개 들고 다니면서 시시때때로 울려댔다. "이렇게 하지 않으면 남들이 어떻게 나를 알아보게 할 수 있나?"

어린 달리는 매사에 특권의식을 드러냈다. 여동생은 이렇게 술회한다. "선물을 받는 건 오빠가 일생동안 중독된 일들 중 하나였다. 오빠는 평소 남에게 선물하는 건 꺼렸다." 달리는 마음대로 되지 않으면, 그럴 때가 거의 없기는 하지만, 가령 진열창에 사탕이 한 줄 걸려 있는데 가게가 문을 닫아서 사탕을 살 수 없을 때는 불같이 화를 냈다. 달리는 분통을 터트리고 슬픔을 가누지 못했다. 어머니 펠리파는 아들을 야단치지 않고 달래주기만 했다. 어린 왕은 정복하고 군림하는 법을 배웠다.

평화로운 시절

달리의 집안에 평화로운 시절이 찾아왔다. 살바도르 쿠시는 음악에 관심이 있어서 사르다나* 민요를 수집했다. 그는 동네 사람들과 함께 파티를 열었다. 아이들도 자러 들어가지 않고 한데 어울려 춤을 추었다. 달리의 가족은 캅 데 크레우스 반도의 해변에서 긴 휴가를 보냈다. 처음에는 가족의 친구의 집에 머물렀고, 나중에는 카다케스 인근 바닷가에 집을 구입했다. 달리는 그곳에서 아주 행복한 시절을 보냈다. 학교에서 달리는 이렇게 적는다. "요즘은 온통 카다케스 생각뿐이다. 날마다 들뜬 마음으로 달력을 들여다보면서 며칠 남았는지 꼽아본다." 달리는 평생 세계 여러 도시에서 살았지만 캅 데 크레우스는 언제까지나 그의 안식처였다. "이곳에 있을 때만 집에 온 것 같다. 다른 곳에서는 캠핑하는 기분이다."

* 스페인 카탈란의 전통 춤

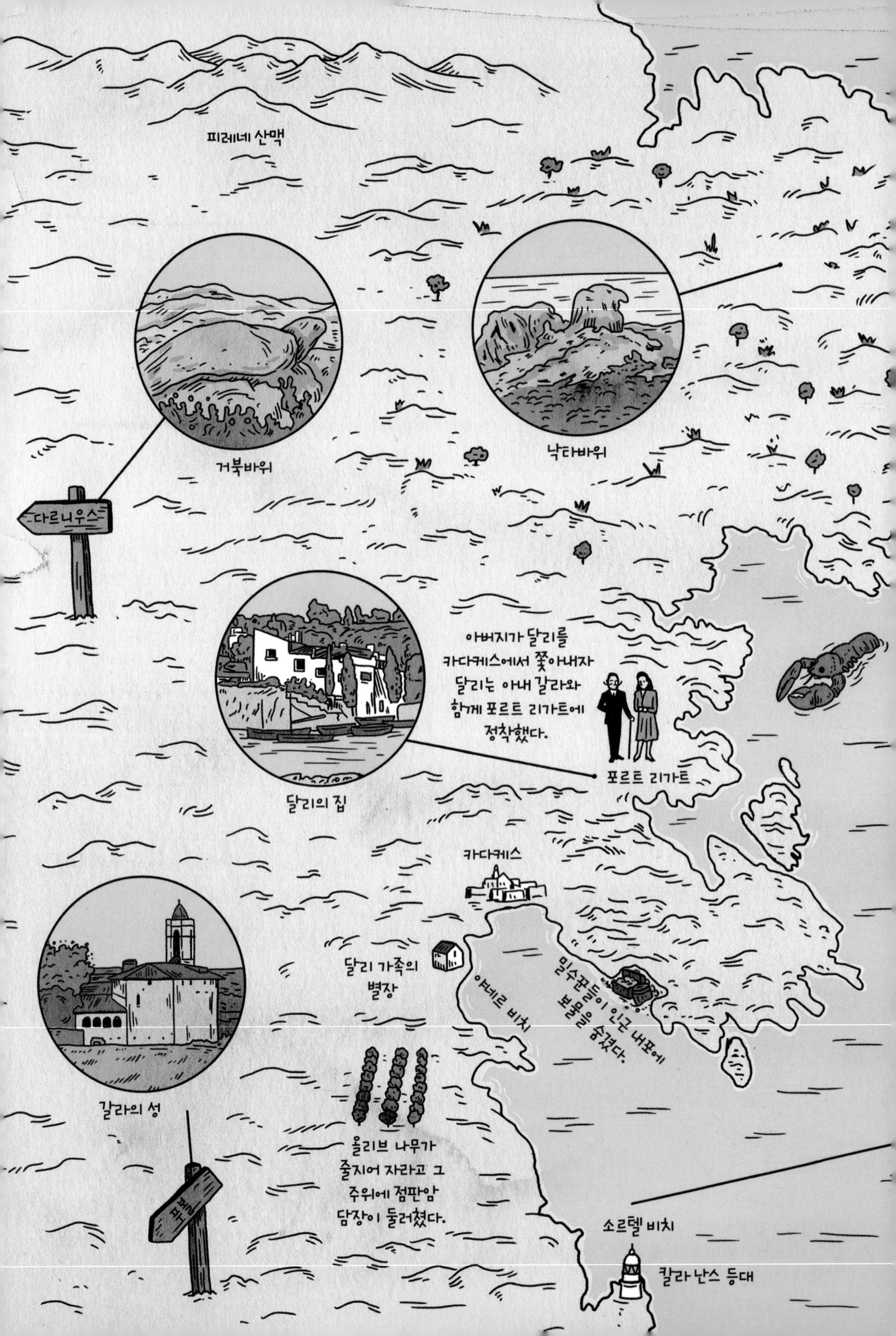

피레네 산맥
거북바위
낙타바위
다르니우스
아버지가 달리를
카다케스에서 쫓아내자
달리는 아내 갈라와
함께 포르트 리가트에
정착했다.
포르트 리가트
달리의 집
카다케스
달리 가족의
별장
야네르 비치
밀수꾼들이 인근 내포에
보물을 숨겼다.
갈라의 성
푸볼
올리브 나무가
줄지어 자라고 그
주위에 점판암
담장이 둘러쳤다.
소르텔 비치
칼라 난스 등대

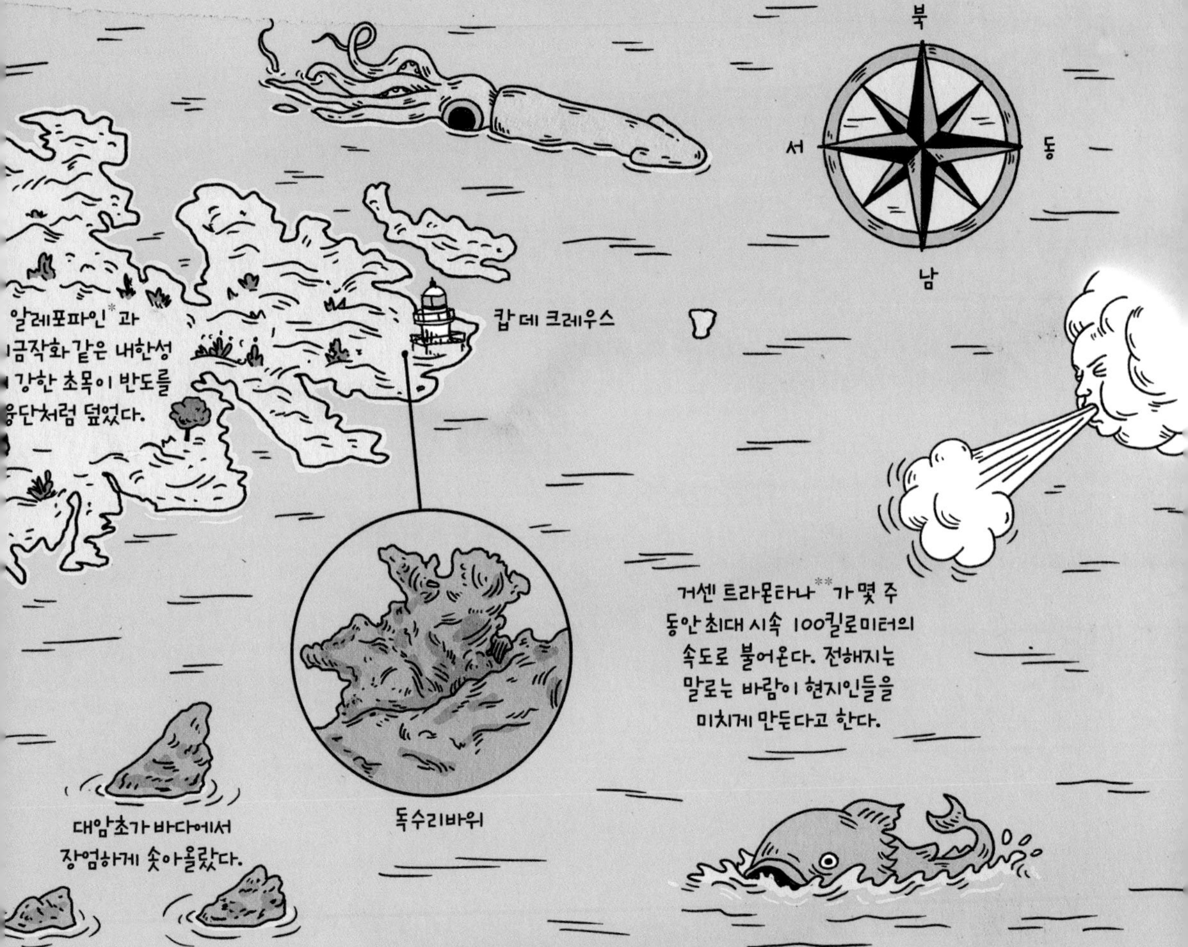

어부들이 달리를 배에 태우고 노를
저어 거대한 바위섬들을 둘러보았다.

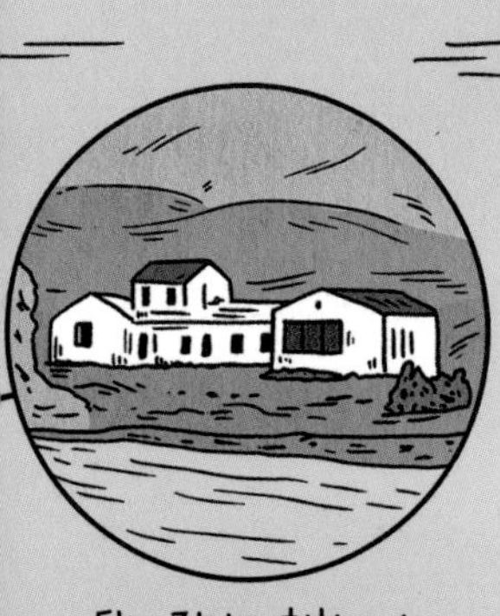

달리 집안과 친한 피쇼
집안이 소르텔 비치에
별장을 소유했다.

카다케스와 캅 데 크레우스 반도

달리의 가족은 카다케스에 별장을 소유했다. 별장 바로 뒤에 해변이 펼쳐져 있었는데, 어린 달리는 몇 시간이고 바닷가에서 어슬렁거렸다. 달리는 캅 데 크레우스 반도의 극적인 풍경, 이를테면 원초적인 붉은 땅과 거친 초목, 동물 형상의 거대한 바위와 깊이 연결된 느낌을 받았다. 달리는 카다케스의 바닷가에서 훗날 아내가 될 갈라를 만났다. 1929년에는 아버지에게 쫓겨나 마을을 떠났다.
달리와 갈라는 해안선을 따라 조금 떨어진 포르트 리가트로 올라가 허름한 어부의 오두막 다섯 채를 개조해서 놀랍도록 초현실적인 저택을 짓고 50년 넘게 살았다. 1969년에 달리는 푸볼에서 갈라에게 성 하나를 사주었다.

* 지중해 지방의 할레펜시스 소나무

** 북쪽에서 불어오는 바람, 알프스 냉풍

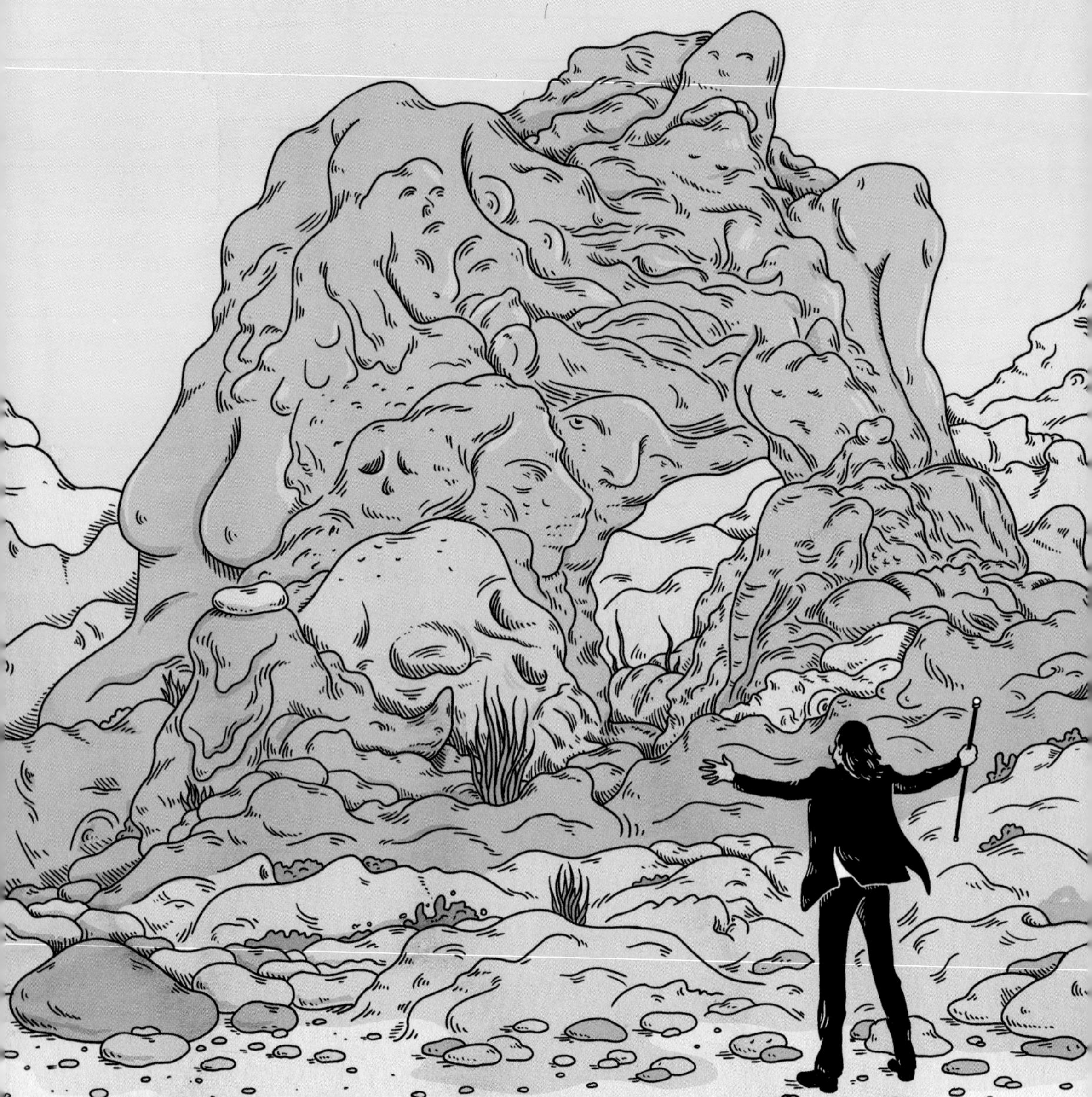

변형되는 현실

트라몬타나 바람과 바닷물에 깎여서 동물과 인간의 형상으로 장관을 이루는 카다케스 해안의 대암초는 이 지역 민간전승 문화의 일부가 되었다. 달리는 바위의 모양을 하나하나 마음속에 새겼다. 대암초는 달리에게 '그림 사전'이 되었고, 달리는 바위 표면의 질감과 장엄한 형상을 화폭 위에 재현했다. 달리에게 바위의 두드러진 특징은 새로운 형태로 변형되는 모습으로 보였다. "우리가 아주 느린 노 젓는 배를 타고 앞으로 나아가는 사이 … 모든 이미지가 변형되고 … 모루 끝이 둥그스름해지면서 여자의 젖가슴과 똑같은 모양이 되었고 …" 나중에 달리는 그림과 영화를 통해 사물이 다양하게 변형되는 방식을 탐구한다.

낯선 이들의 호의

달리의 시대에는 카다케스로 가는 길이 제대로 닦여 있지 않았다. 외따로 떨어진 마을은 황량한 매력을 간직했다. 아무런 장식이 없는 새하얀 건물이 아이들의 장난감 벽돌처럼 늘어서 있고, 생선뼈로 길이 포장됐다. 카다케스의 일상은 원시적이었다. 우물에서 물을 긷고 전기도 거의 들어오지 않아 집집마다 초를 켜서 불을 밝혔다. 홀로 떨어진 달리는 낯선 이들의 호의에 의지했다. 어부들은 친절하게도 달리를 배에 태워 대암초를 둘러보게 해주었다. 달리는 마을의 밀수꾼* 과 리디아 노르게레스라는 '마을의 마녀'와 친해졌다. 달리는 〈나는 세계의 배꼽이다〉에서 리디아의 야만적인 행동을 찬미한다. "(리디아는) 바닥에 퍼질러 앉아 … 솜씨 좋게 가위를 닭 모가지에 푹 찔러서 피 흘리는 대가리를 속 깊은 반질반질한 옹기그릇에 담았다." 훗날 달리는 그의 '편집증적 비평 방법'은 리디아의 편집증적 정신 상태에서 시작되었다고 밝혔다. 이렇게 카다케스에서 맺은 관계가 평생의 관계 양상으로 굳어졌다. 달리는 특히 강렬한 인물에게 흠뻑 빠졌는데, 그의 친구 카를로스 로사노Carlos Lozano는 훗날 "지극히 평범해 보이는 사람들은 달리를 분노케 했다."라고 말했다. 어린 왕은 쾌락을 얻고 싶었다. "당신이 여기 있는 이유는 쾌락을 주고받기 위해서다. 나에게 재미있는 이야기를 들려줘야 한다. 나는 언제나 지적인 발기 상태다. … 나무를 심고 보살피고 키우듯이 나는 이야기를 키운다."

* 헛간을 작업실로 쓰게 해준 사람

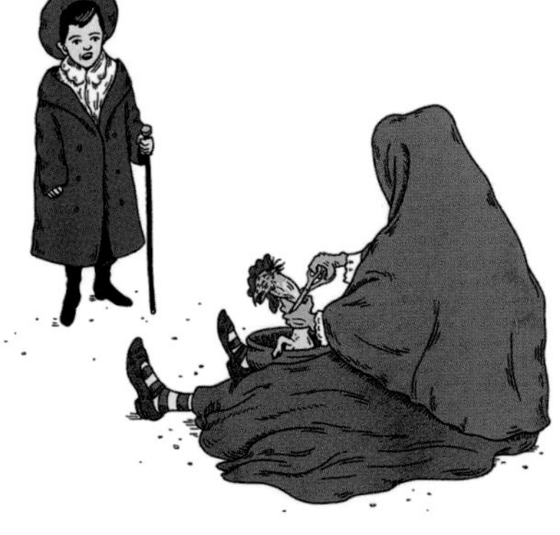

세탁실의 작업실

1912년 7월, 달리의 가족은 카레르 몬투리올의 다른 아파트로 이사했다. 새 아파트에는 옥상 테라스가 있었는데, 어린 왕은 높은 곳의 전망을 마음에 들어 했다. "멀리 로제스 만까지 내려다보이는 풍경이 내게 머리를 조아리고 내 눈길을 받으려 하는 것 같았다." 달리는 어머니를 설득해서 옥상에 있던 낡은 세탁실을 작업실로 차지했다. 작업실은 작았어도 포부는 컸다. 달리는 시멘트 세면기에 앉아서 그림을 그렸고, 여름에 무더운 날에는 수도를 틀어 허리까지 물을 받았다. 또한 낡은 빨래판으로 이젤을 만들어서, 고모의 모자 가게에서 가져온 모자상자에 그림을 그렸다.

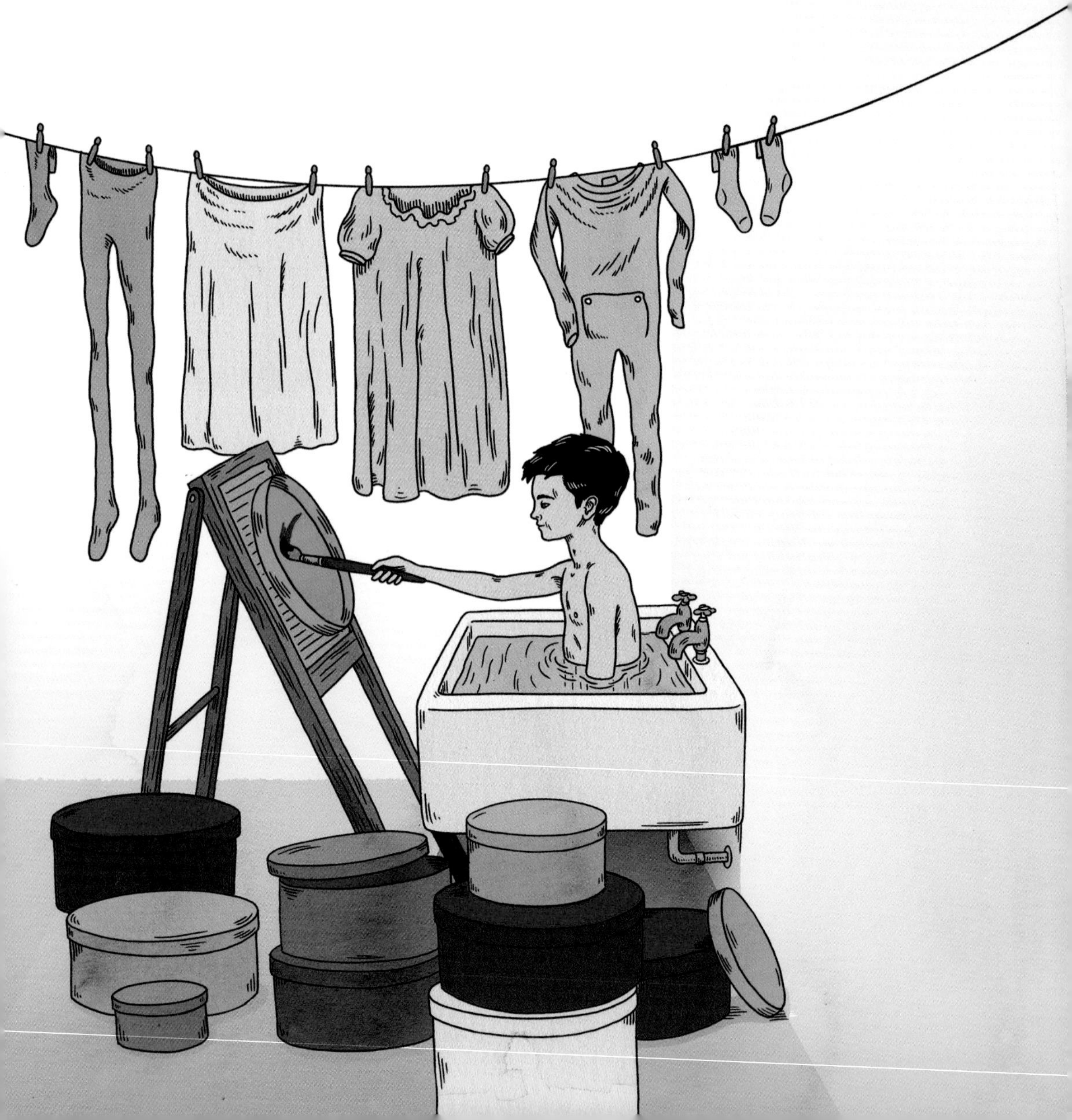

시각적 정신

달리는 작업실에 아버지가 사다준 고완Gowan의 미술책을 꽂아놓았다. 고완의 미술책 전집은 특이했다. 글은 거의 없고 위대한 화가 한 사람의 일대기를 60편의 흑백 삽화로 한 권에 담았다. 달리에게는 이 책의 그림들이 현실처럼 생생해 보였다. 훗날 달리는 앵그르Jean Auguste Dominique Ingres 편을 떠올리며 〈샘The Fountain〉에 나오는 나체의 소녀와 '사랑에 빠졌다'고 회고한다. 달리는 마치 그림 속에 살았던 것처럼 말한다. 또 언젠가는 고완 전집을 떠올리며 이렇게 말한다. "나는 한때 와토Jean Antoine Watteau의 그늘진 숲속 빈터로 소풍을 가거나 타이탄티치아노, Tiziano Vecellio의 어느 풍경화 속에서 거닐었다는 확신이 든다."

달리는 영화와 사진보도가 태동한 시각혁명의 시대에 성장했다. 그는 새로운 기술에 빠져들었다. 첫 스승 에스테반 트라이터는 입체영상장치를 수집해서 달리와 학생들에게 영상장치를 써보게 해주었다. 달리는 이미지를 괴상한 3차원 영상으로 보여주는 영상장치에 호기심을 느꼈다.

달리가 태어난 해에 피게레스에서 처음 영화가 상영되었고, 그는 어느 토요일 아침에 특별 선물로 새로 개봉한 영화를 보러갔다. 역사가들에 따르면 초기에 영화를 본 사람들은 대부분 공포에 질려 비명을 질렀다고 한다. 당시의 영화는 대부분 줄거리가 없었다. 20세기 초 장터의 구경거리에 뿌리를 둔 초창기 영화는 섬뜩한 시각적 '속임수'를 늘어놓으며 궁극적으로는 관객에게 충격을 주는 데 목적이 있었다. 감독들은 '정지' 화면에서 시작해서 그 다음에 어떤 식으로 변형시켰다. 가령 멈춰 서있던 기차가 살아나 관객에게 돌진해오면서 연기를 내뿜는 식이었다.

그 당시 수많은 사람처럼 달리도 영화에 매료당했다. 그의 어머니는 소형 영사기를 구입해서 집 안의 한쪽 벽에 단편영화를 상영하곤 했다. 초기의 영화 표현은 달리와 관련이 깊다. 달리는 관객에게 충격을 주기를 좋아하고 사물을 변형되는 과정으로 보여주는 데 관심이 많았다. 영화와 사진의 발전에 관한 최신 정보를 섭렵하고 영화적인 효과를 작품에서 복제했다.

조숙한 재능

달리는 어릴 때부터 예술적 재능이 남달랐다. 1916년 6월에 열두 살의 달리는 가족의 친구인 피쇼 일가의 집으로 놀러갔다. 달리에게는 이때의 경험이 인상파 실험이 되었다. 피쇼의 사유지 – 밀밭과 올리브나무 숲이 펼쳐진 – 는 인상파 그림의 한 장면처럼 보였고, 잘 나가는 인상파 화가인 라몬 피쇼Ramon Pichot는 달리에게 인상파 기법을 소개했다. 달리는 과감한 색채 사용과 거친 붓놀림에 깊은 인상을 받아 이렇게 적었다. "나는 형체도 없이 두툼하게 물감을 처바른 그림에서 내가 원하는 모든 것을 볼 줄 아는 눈이 없었고 … (그것은) 아르마냑* 한 방울을 잘못 삼킬 때처럼 목구멍 깊숙이 타들어가는 느낌이었다." 달리는 마법사 놀이를 하면서 사유지를 돌아다니며 크리스털 디캔터 마개를 통해 풍경을 보았다. 그러자 인상파 미술의 해체된 이미지가 나타났다. 피쇼의 집에서 돌아온 달리는 〈파니 산 그림자가 드리운 카다케스의 경관View of Cadaqués with Shadow of Mount Pani〉을 그렸다. 이 그림은 전형적인 인상파 작품으로, 특유의 다채로운 붓질로 빛의 효과를 낸다. 하지만 그의 인상파 실험은 오래 가지 않았다. 달리는 목가적인 전원 풍경에 공감하지 못하고 극적이고 마술적인 카다케스 풍경을 더 좋아했다.

* 프랑스산 브랜디

라몬 피쇼는 달리의 아버지에게 달리를 피게레스의 시립미술학교에 보내라고 조언했다. 이 학교의 미술교사인 후안 누녜스Juan Núñez는 달리의 재능을 알아보고 미술 기법을 갈고닦도록 가르쳤다. 달리는 화가로 성장하는 과정에서 가장 중요한 스승으로 누녜스를 꼽는다. 달리는 첫 학년을 마치면서 최우수상을 받았고, 아버지는 피게레스의 아파트에서 작은 전시회를 열어주었다.

산페르난도 예술원, 마드리드, 1922–26

1921년에 달리의 어머니가 자궁암으로 세상을 떠났다. 달리에 따르면 그때의 상실감으로 인해 성공하기로 더 굳게 결심했다고 한다. "나는 맹세했다. 언젠가는 나의 영광스런 이름이 주위에 강렬하게 반짝거릴 빛의 검이 되어 내 어머니를 죽음과 운명으로부터 구해내겠다고." 이듬해 달리는 집을 떠나서 마드리드의 산페르난도 예술원에서 공부했다. 예술원에 실망한 달리는 "명성과 허울을 뒤집어쓴 늙은 교수들은 내게 아무것도 가르치지 못하다는 사실을 곧바로 알아챘다."고 적었다. 예술원 교수들은 프랑스 인상파를 추종했는데, 인상파라면 달리가 이미 거쳐 간 화풍이었다. 어린 왕은 공개적으로 거부 의사를 피력했다. 1923년에 어느 신임 교수의 자질에 의문을 제기하다 정학 처분을 당하고, 3년 뒤에는 예술원 교수들이 그의 작품을 평가하기에는 부적절하다고 말했다가 퇴학당했다. 그럼에도 불구하고 마드리드의 경험은 대체로 긍정적이었다. 프라도미술관의 작품, 특히 벨라스케스 Velázquez 소장품에서 영감을 얻었지만 사실 '레지Resi'라는 기숙사에서의 사교생활이 그의 마드리드 생활에서 가장 흥미로운 부분이었다.

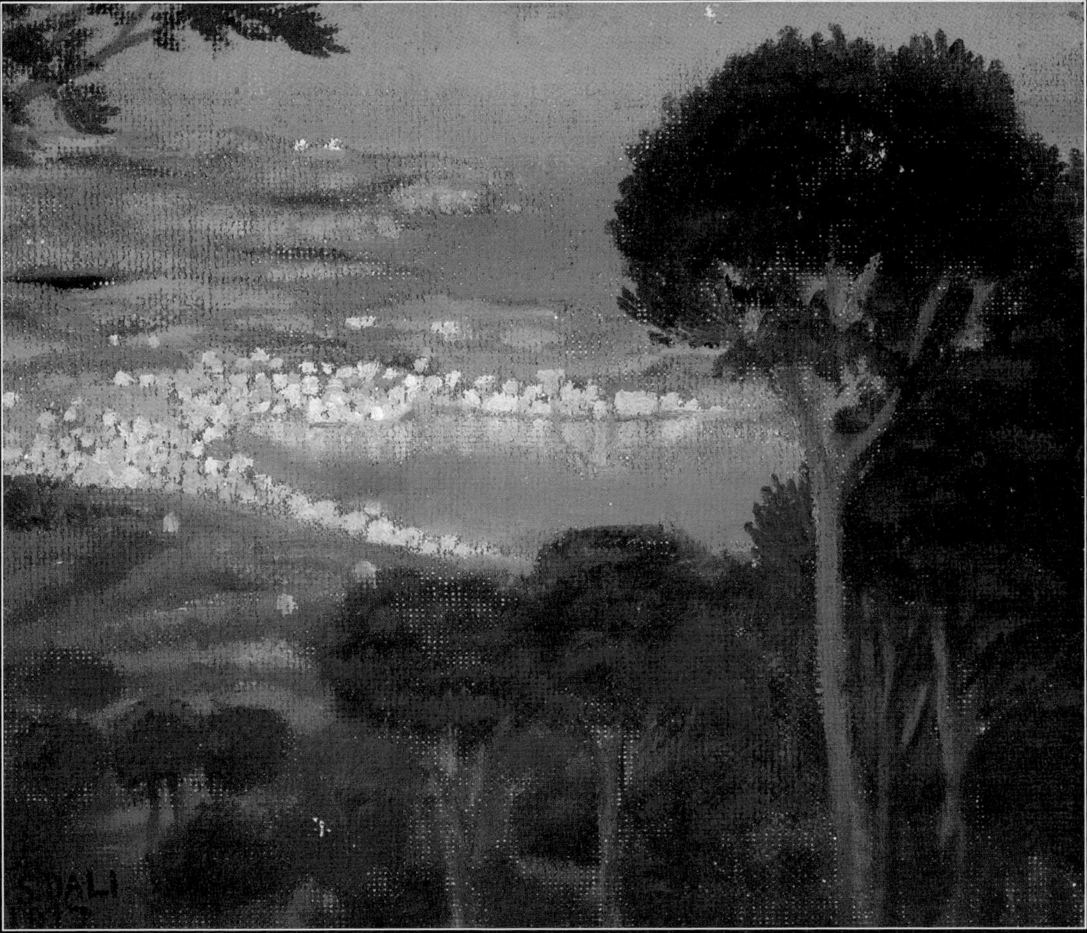

파니 산 그림자가 드리운 카다케스의 경관

View of Cadaqués with Shadow of Mount Pani

살바도르 달리, 1917년

캔버스에 유채

15$^{1}/_{2}$ × 19 in (39.5 × 48.3 cm)

살바도르달리미술관 소장품, 세인트피터즈버그, 플로리다

달리의 탈바꿈

레지 기숙사는 알베르토 히메네스 프라우드Alberto Jiménez Fraud가 운영하는 곳이었다. 프라우드는 옥스퍼드와 캠브리지의 대학 체계를 본떠 활기찬 대학 환경을 조성하면서 알베르트 아인슈타인Albert Einstein 같은 당대의 위대한 사상가들의 강연을 주최하고 도서관에는 최신 학술이론에 관한 장서를 가득 채웠다. 지그문트 프로이트Sigmund Freud의 책이 스페인어로 번역되자 달리와 친구들은 프로이트의 책을 읽고 장시간 토론을 벌였다. 달리가 보던 프로이트의 〈꿈의 해석The Interpretation of Dreams〉 교재에는 밑줄이 쳐 있고 주석이 잔뜩 달려 있었다. 훗날 달리는 프로이트의 책은 "내 삶의 중요한 발견 중 하나였다."고 밝혔다. 몇 년 뒤 달리는 작품을 통해 프로이트의 이론을 탐구했다.

달리는 레지에서 비슷한 생각을 가진 사람들을 만났다. 영화감독 루이스 부뉴엘Luis Buñuel과 시인 페데리코 가르시아 로르카Federico García Lorca가 속한 예술가 모임에도 들어갔다. 이 모임에서는 시기심이 팽배하고 경쟁이 치열해서 서로 친분을 맺기가 쉽지 않았다. 처음에 어린 왕은 모임의 리더에게 분개했다. "나는 로르카가 광기 어리고 맹렬한 다이아몬드처럼 빛난다는 사실을 알았다. 갑자기 나는 달리기 시작했고, 사흘간 아무도 나를 보지 못했다."

로르카와 달리는 서로에게 빠져들었다. 로르카는 시에서 '살바도르 달리, 올리브빛 목소리'라고 찬사를 보냈고, 달리는 로르카를 신성한 성 세바스찬으로 그렸다. 둘이 함께 미술 이론을 만들었다. 미술사가 매리 앤 코우스Mary Ann Caws는 "달리가 그의 작품에 관해 쓴 가장 풍부한 글 일부는 로르카에게 말하는 것이다."라고 주장한다. 달리는 과장법을 버리고 로르카에게 직접 말한다. 그런 글에는 달리의 온화하고 시적인 감성이 잘 드러난다. "나는 풀밭과 손바닥의 가시, 햇볕에 벌겋게 익은 귀에 사랑을 느낀다." 로르카가 달리를 유혹하려 했지만 달리 말로는 별 일은 없었다고 한다. 달리의 어머니가 독실한 가톨릭 신자인데다 당시 동성애는 불법이었다. 그래서 달리도 두려웠을 것이다. 로르카와의 관계가 거의 끝나갈 무렵 달리는 미래의 아내를 만났다. 달리는 자신의 성정체성에 관해 늘 조심스러운 편이었지만 말년에는 남성 뮤즈들을 희롱하고 관음증을 즐겼다.

달리가 새로 사귄 친구들은 하나같이 멋쟁이로 화려한 생활과 세련된 옷차림으로 유명했다. 달리는 처음 예술원에 들어갔을 때 낭만파 화가처럼 입고 다녔다. 머리부터 발끝까지 검은색으로 입고 피부를 하얗게 칠하고 머리는 까맣게 염색하고 눈가에는 화장 먹으로 검게 칠했다. 하지만 어린 왕은 멋쟁이 이미지의 가능성을 발견하고 결심했다. '내일은 나도 남들처럼 입겠다.' 달리는 왕족처럼 행동하면 왕족으로 대접받을 거라고 생각했다. 그의 생각대로 풀리는 듯했다. 그는 학생 수입으로 마드리드에서 제일 큰 호텔에서 파티를 열었고, 사치스런 생활에 들어가는 비용은 친구와 가족, 미술품 수집가들이 대신 부담했다. 달리의 돈과 명성에 대한 사랑은 미술계를 들쑤시게 된다.

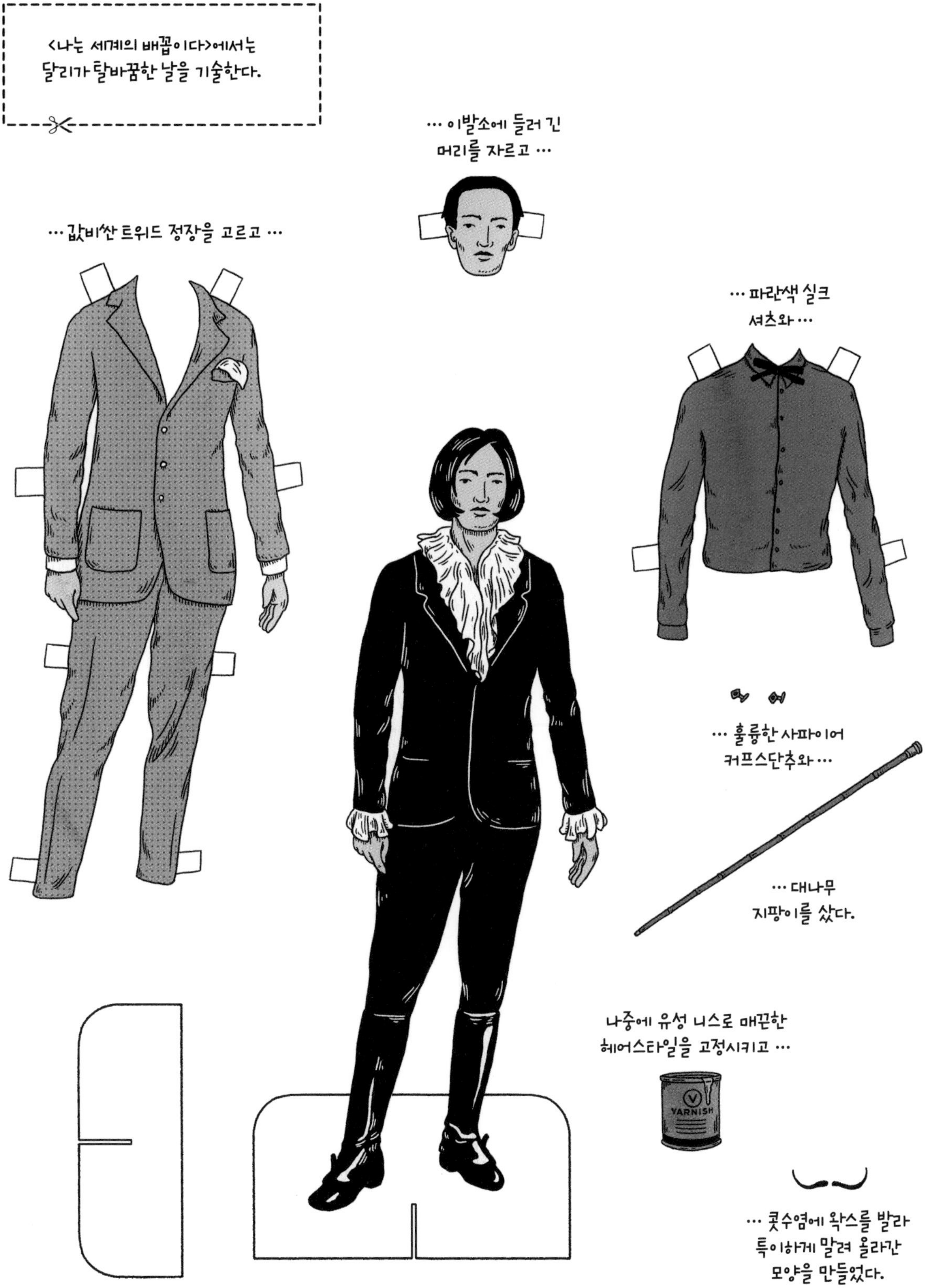

<나는 세계의 배꼽이다>에서는
달리가 탈바꿈한 날을 기술한다.
… 이발소에 들러 긴
머리를 자르고 …
… 값비싼 트위드 정장을 고르고 …
… 파란색 실크
셔츠와 …
… 훌륭한 사파이어
커프스단추와 …
… 대나무
지팡이를 샀다.
나중에 유성 니스로 매끈한
헤어스타일을 고정시키고 …
VARNISH
… 콧수염에 왁스를 발라
특이하게 말려 올라간
모양을 만들었다.

달리의 미술, 1922-26

시인 호세 모레노 비야José Moreno Villa에 따르면 예술원에 다니던 시기에 "달리는 두 가지 상반된 방식으로 활동했는데 … '전통적인 방식'과 더불어 대담한 방식을 시도했다." 달리는 유럽 전위파의 양식까지 두루 섭렵했다. 그는 인상파를 거친 후 신인상파와 미래파, 입체파까지 시도했다. 전시회에서 달리의 작품은 이것저것 잡다한 양식이 괴상하게 뒤섞여 있다는 비판을 자주 받았다.

보다 단일한 관점이 여동생 아나 마리아를 그린 초기의 초상화 연작에 드러난다. 〈창가의 인물Figure at a Window〉에서는 카다케스의 바다를 내다보는 여동생이 등장한다. 회색과 파란색이 조화를 이룬 이 그림에는 고전적인 엄격함이 배어 있다. 모든 요소가 섬세하게 균형을 이루었다. 가령 해안선이 창틀의 수평 축에서 다시 나타나는 한편 소실점이 마룻장과 창틀의 방향에 의해 부각된다.

이처럼 질서정연한 우주에는 '강박적 사실주의'가 담겨있다. 달리는 모든 요소를 놀랍도록 정교하게 그리는데, 여동생의 머리카락과 드레스 주름부터 창문에 비친 집까지 그려 넣는다. 세부적인 부분 하나하나에 집중하면서 딱딱한 과도현실의 효과를 창출한다. 1926년에 달리는 가족을 벗어난 세계를 보기 시작하며 카다케스의 풍경으로 돌아가서 역시나 철저히 현실에 입각한 자연주의로 표현했다.

피카소는 살라 달마우에서 열린 달리의 첫 단독 전시회에서 이 초상화를 보고 마음에 들어 했다. 피카소는 달리를 그의 친구들인 미술상 폴 로젠버그Paul Rosenberg와 피에로 로에브Pierro Loeb에게 소개했고, 로에브는 오직 달리의 최근작을 보기 위해 스페인을 방문했다. 로에브는 아무런 제안도 하지 않았지만 피카소는 계속 충실한 후원자로 남았다. 달리가 파리로 옮겼을 때 피카소는 다시 그를 도왔다. 이번에는 그의 후원자인 게르트루드 스타인Gertrude Stein에게 소개하지만 둘의 만남은 아무런 결실을 맺지 못했다. 결국 피카소는 좀 더 신중해지기로 하고 대담한 초현실주의 화가인 달리와 거리를 두었다.

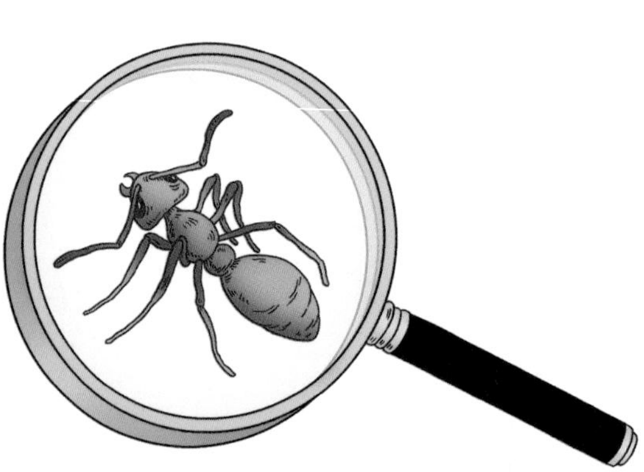

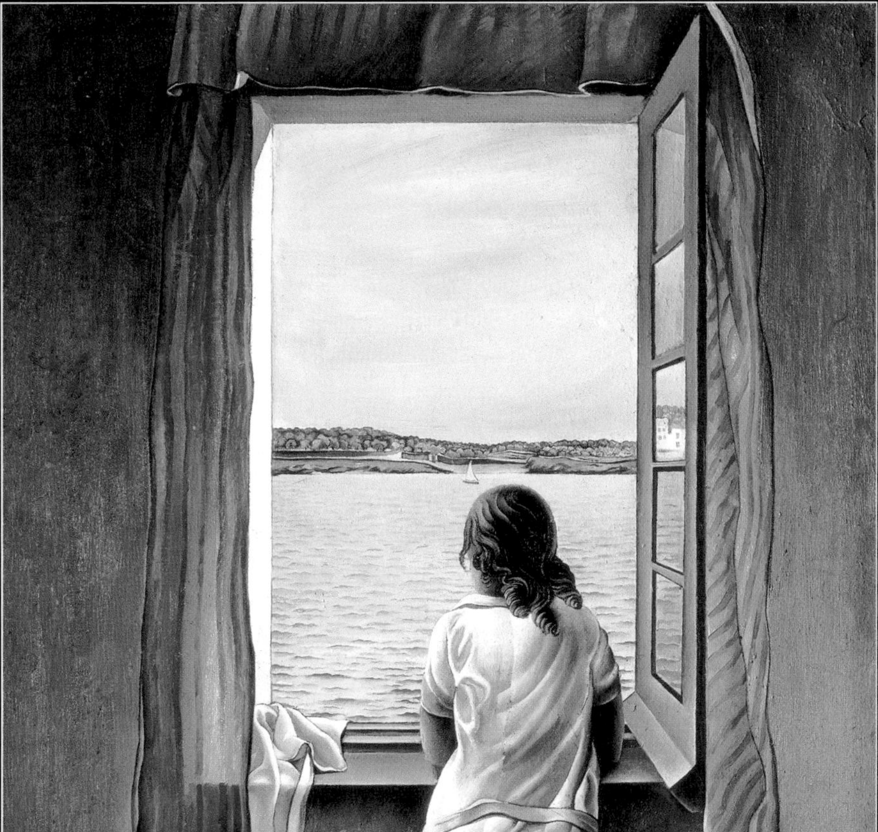

창가의 인물

Figure at a Window

살바도르 달리, 1925년

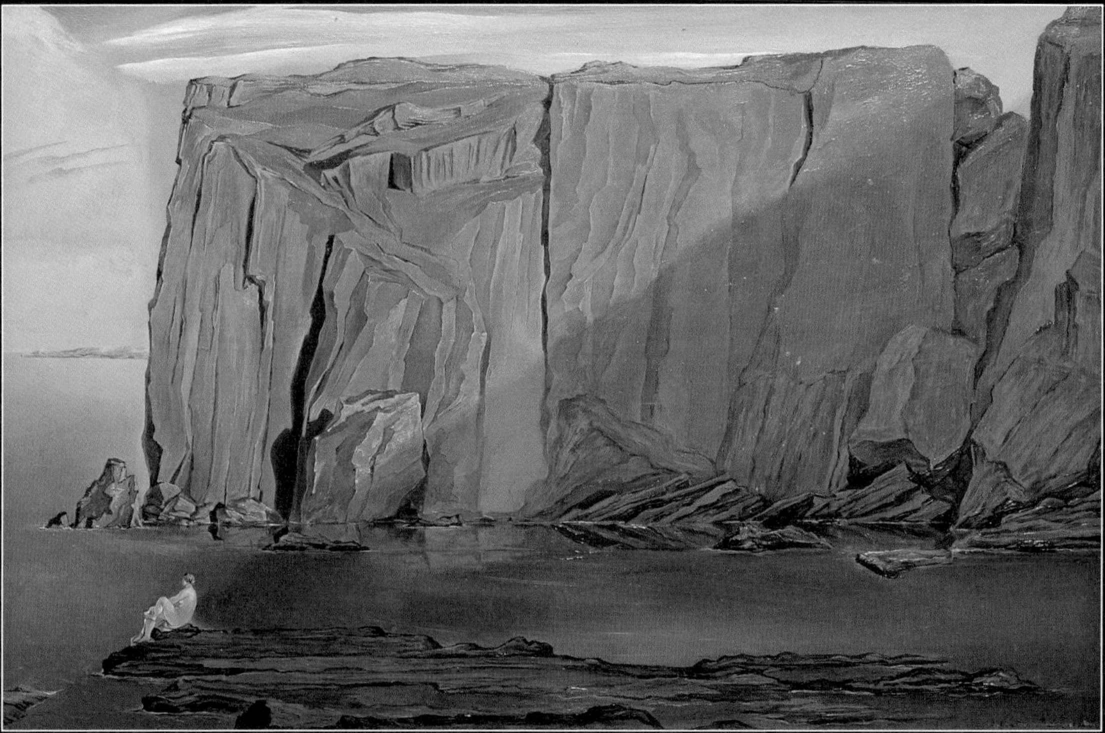

페냐-세가츠(바위 위의 여인)
Penya-Segats (Woman on the Rocks)

살바도르 달리, 1926년

올리브나무 패널에 유채
$10^1/_4 \times 15^3/_4$ in (26 × 40 cm)
개인소장

일상 속의 비범함

1920년대 중반에 달리는 예술에 관한 글을 쓰기 시작했다. 그는 논문을 쓰면서 로르카와 토론한 개념들을 발전시킨다. 예술의 미화하고 이상화하는 경향을 거부하고 표현예술을 비판했다. 달리와 로르카는 감정과 정서에 주목하는 예술을 기술하면서 '부패'라는 비판적인 용어를 사용했다. 달리는 감정과 아름다움을 배제하고 나서 딱딱하고 객관적인 예술의 경계를 설정했다. 집에 보낸 편지에서 달리는 이렇게 적는다. "저는 사물의 외부를 포착하는 순수하게 자연스러운 새로운 기법을 창조하고 있어요." 카다케스의 한 어부는 달리가 세세한 부분까지 주목하는 모습을 보고 '파도를 셀 수 있을 정도'라면서 달리가 바다를 표현하는 방식에 감탄했다. 달리는 나아가 그가 지은 〈작은 것들에 관한 시Poem of Little Things〉에 깔려 있는 강박성을 높이 평가하는데, 이 시에는 '작은 것들'이라는 표현이 연이어 열두 번이나 반복된다.

〈페냐-세가츠(바위 위의 여인)Penya-Segats(Woman on the Rocks)〉는 지질학적으로 훌륭한 작품이다. 이 그림은 모든 사물의 질감과 물성을 전달한다. 이를테면 바위는 단단하고 날카롭고 수정처럼 깨끗해 보이고, 절벽은 갑자기 바다 속으로 사라지는 것처럼 보인다. 마찬가지로 달리는 캅 데 크레우스의 곶을 들어 "피레네 산맥이 과장된 지질학적 망상에서 바다로 무너지는 지점"이라고 표현한다.

달리의 자연주의는 왠지 모르게 뇌리에서 지워지지 않는다. 정상적인 지각에는 등급이 있는 반면에 달리의 '확장된' 시선은 장場의 깊이를 평편하게 만들기 때문이다. 달리는 세계를 관찰할 때 그의 표현을 빌자면 '눈썹도 없이 가장 맑은 눈의 마취된 시선'으로 바라본다. 〈페냐-세가츠〉에서는 여동생의 초상화와 마찬가지로 현실을 세밀하게 옮겨놓은 표현이 독특하다. 모든 '작은 것들'에 예리하게 초점을 맞추면 세계를 깊이 있게 보게 된다. 너울거리는 파도가 바위 표면에서 흐릿해진다. 카다케스의 '경이로운' 아름다움이 화폭에 펼쳐진다.

나체의 여인

그럼 나체의 여인은 어떤가? 창백하고 하얀 누드가 카다케스의 깎아지른 절벽과 전혀 어우러지지 않아 보인다. 고전적인 인물인 여인은 클로드 로랭Claude Lorrain의 그림이나 타이탄의 목가적인 풍경화에나 어울릴 법하다. 달리가 어릴 때 고완의 전집을 탐독하면서 그림 속의 인물들과 함께 소풍하는 상상을 했다는 점을 떠올릴 필요가 있다. 달리에게 그림 속 인물들은 카다케스의 대암초 만큼이나 현실이었다.

파리의 달리

1926년 4월에 달리는 예술의 중심지인 파리를 여행했다. 그는 루브르를 둘러보며 위대한 작품들을 연구했다. 전위적인 작품들은 달리를 흥분시켰다. 그는 피카소를 찾아갔고, 피카소는 달리에게 자신의 예술세계를 보여주면서 자신의 작품에 관해 이야기했다. 1926년에서 1927년 사이에 달리는 입체파의 표현을 연구하면서 입체파의 주제정물화와 초상화를 그리고 입체파적인 평면으로 표현했다.

달리는 또한 초현실주의의 선구자인 앙드레 브르통André Breton을 비롯해 여러 초현실주의 화가들을 만났다. 몇 해 동안 초현실주의자들과 떠들썩하고 혼란스러운 관계를 맺었지만 그들은 여러 가지 중요한 부분에서 서로 생각을 공유했다. 초현실주의자들은 달리처럼 '비범함'에 관심이 있었고, 특히 브르통은 '경이로운 아름다움'을 추구했다. 달리 또한 초현실주의 그림의 '강렬함'에서 깊은 인상을 받았다. 예를 들어 달리는 막스 에른스트Max Ernst, 이브 탕기Yves Tanguy, 조르조 데 키리코Giogio de Chirico의 분위기 있는 그림에서 어렴풋한 그림자와 건물의 열린 문, 길쭉한 원근법으로 표현된 몽환적인 풍경을 인상 깊게 보았다.

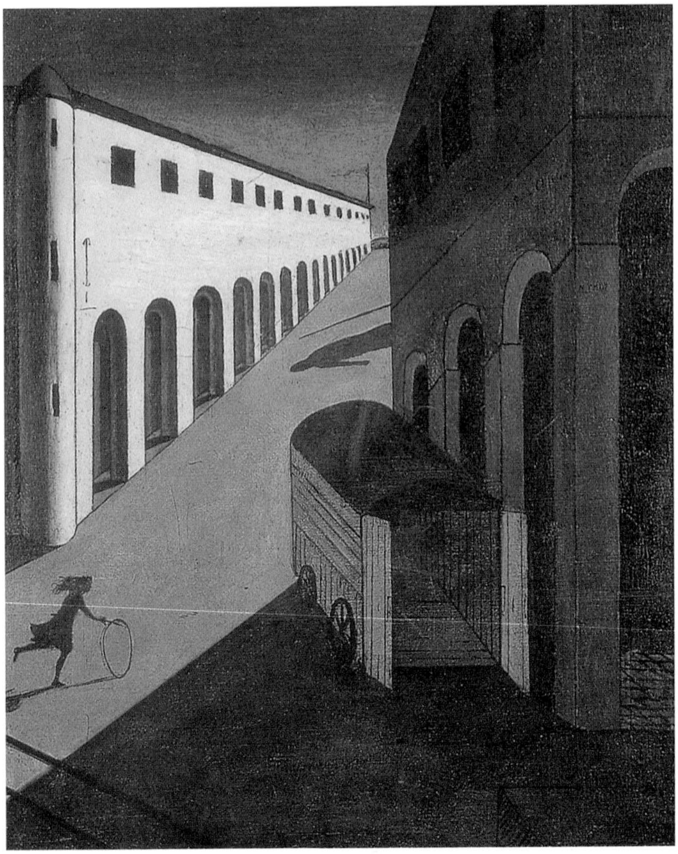

거리의 우울과 신비
Melancholy and Mystery of a Street,

조르조 데 키리코, 1914년

캔버스에 유채.
$34^1/_4 \times 28^1/_8$ in (87.1 × 71.4 cm)
개인소장

초현실주의에 잠시 손을 댄 시기, 1927–28

1927년과 1928년 사이에 달리는 초현실주의자들과 조금 거리를 두었다. 초기의 초현실주의자들은 무의식적 사고가 자동반사로 흐르는 현상에 집중했다. 1924년에 발표된 첫 번째 초현실주의 선언문에서 앙드레 브르통은 초현실주의를 이렇게 정의했다. '순수한 정신의 자동법으로 글이든 다른 어떤 방식으로든 실제로 일어나는 사유의 작용을 표현하도록 제안하는 방식. 이성에 의한 모든 통제가 부재하고 미학적이고 도덕적인 모든 선입견에서 벗어난 사유의 받아쓰기.'

초현실주의자들은 '자동법'이라는 기법을 개발했는데, 붓 가는 대로 그리면서 무의식적 과정이 펼쳐지는 대로 내버려두는 기법이다. 앙드레 마송André Masson의 〈자동법 드로잉Automatic Drawing〉은 자동법의 전형적인 예로서, 복잡한 선들이 무의식의 흐름을 표현하고 몇 가지 모호한 이미지가 어지러이 뒤얽힌 선들에서 어렴풋이 나타난다. 달리도 잠시 자동법을 시도해봤지만 이내 이 기법을 버리고 더불어 '어두컴컴한 무의식적 과정'에 주목하는 초현실주의자들의 태도까지 부정했다. 달리는 초-현실 개념에 관심이 있었지만 이것은 '순수한, 수정처럼 명징한 객관성'에서 발견될 수 있다고 믿었다.

자동법 드로잉
Automatic Drawing

앙드레 마송, 1924년

종이에 잉크.
$9^{1}/_{4} \times 8^{1}/_{8}$ in (23.5 × 20.6 cm).
현대미술관, 뉴욕.
익명의 기증자(873.1978)

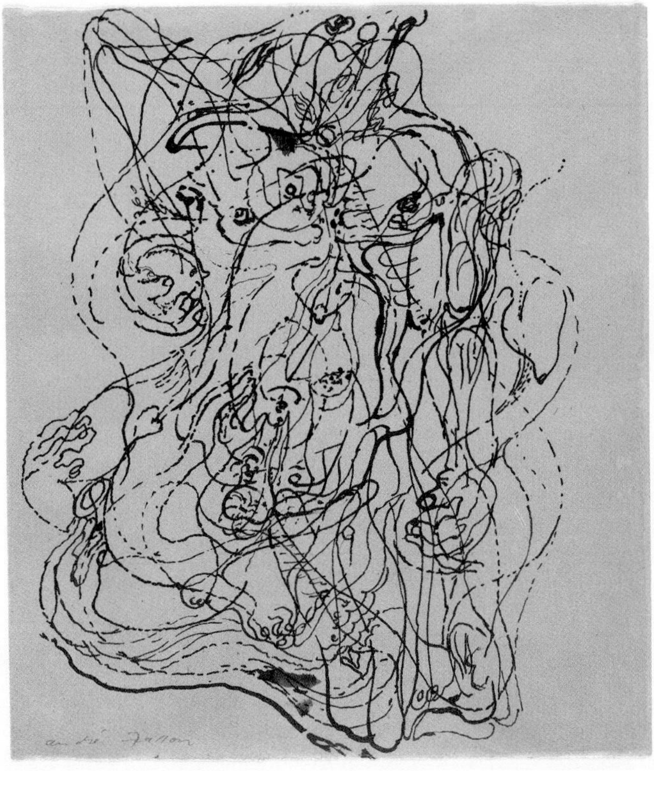

사진

1920년대 중반부터 달리는 '작은 카메라의 명징한 객관성'의 출현을 예고했다. 달리에게 셀룰로이드*의 장점은 현실을 직접 새기지 않고 놀랄 만큼 '정밀'하게 사물을 전달하는 데 있었다. 달리는 사진과 영화의 표현법에 민감하게 적응하면서 새로운 기술 효과를 작품에서 재현했다. 〈헛된 시도Futile Efforts〉에서는 카메라의 클로즈업 기법을 차용한다. 인체가 마치 현미경으로 들여다보듯 정밀하게 드러나서 흉하게 주름이 잡힌 몸통과 빳빳한 털이 곤두선 피부가 보인다.

* 옛날 영화 필름에 쓰던 물질

달리는 "사진, 정신의 순수한 창조Photography, Pure Creation of the Mind"라는 논문에서 사진의 시적인 면을 지적하면서 예술에서 경이로운 아름다움을 추구하는 브르통의 요구에 사진이 어떻게 답하는지 설명한다. 그리고 '클로즈업과 간단한 비율의 변화로 인해 독특한 유사성이 생기고 … 의외의 비유가 나타나는 방식'을 기술한다. 다른 논문에서는 라슬로 모호이 너지László Moholy-Nagy의 책에 나오는 대머리황새의 눈 사진을 삽화로 싣는다. 이 사진 한 장에는 놀랍게도 공존하는 여러 층위의 세계가 담겨 있다. 이를테면 대머리황새의 쭈글쭈글한 살갗은 줄줄이 굴이 파인 풍경과 유사하고, 검은 눈동자에는 모자 쓴 남자와 남자 뒤로 빽빽한 나무가 비춰진다.

대머리황새의 눈에 담긴 여러 층위의 세계와 마찬가지로, 〈헛된 시도〉에서도 여러 층위의 현실을 '경이롭게' 병치하지만 훨씬 더 불길하다. 팔다리 잘린 몸통과 목이 잘린 머리, 썩어가는 동물과 피 웅덩이가 뒤섞인 장면은 몹시 불안한 편집증적 정신을 암시한다.

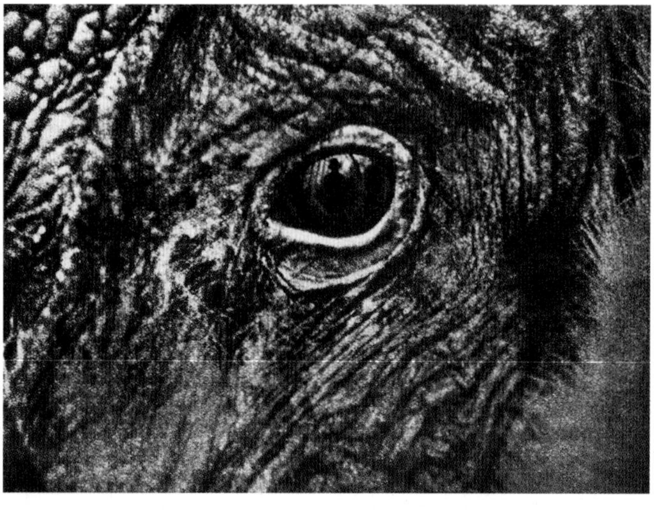

대머리황새의 눈
Eye of a Marabou
〈그림, 사진, 그리고 영화Painting, Photography & Flim〉1925 중에서
라슬로 모호이 너지László Moholy-Nagy

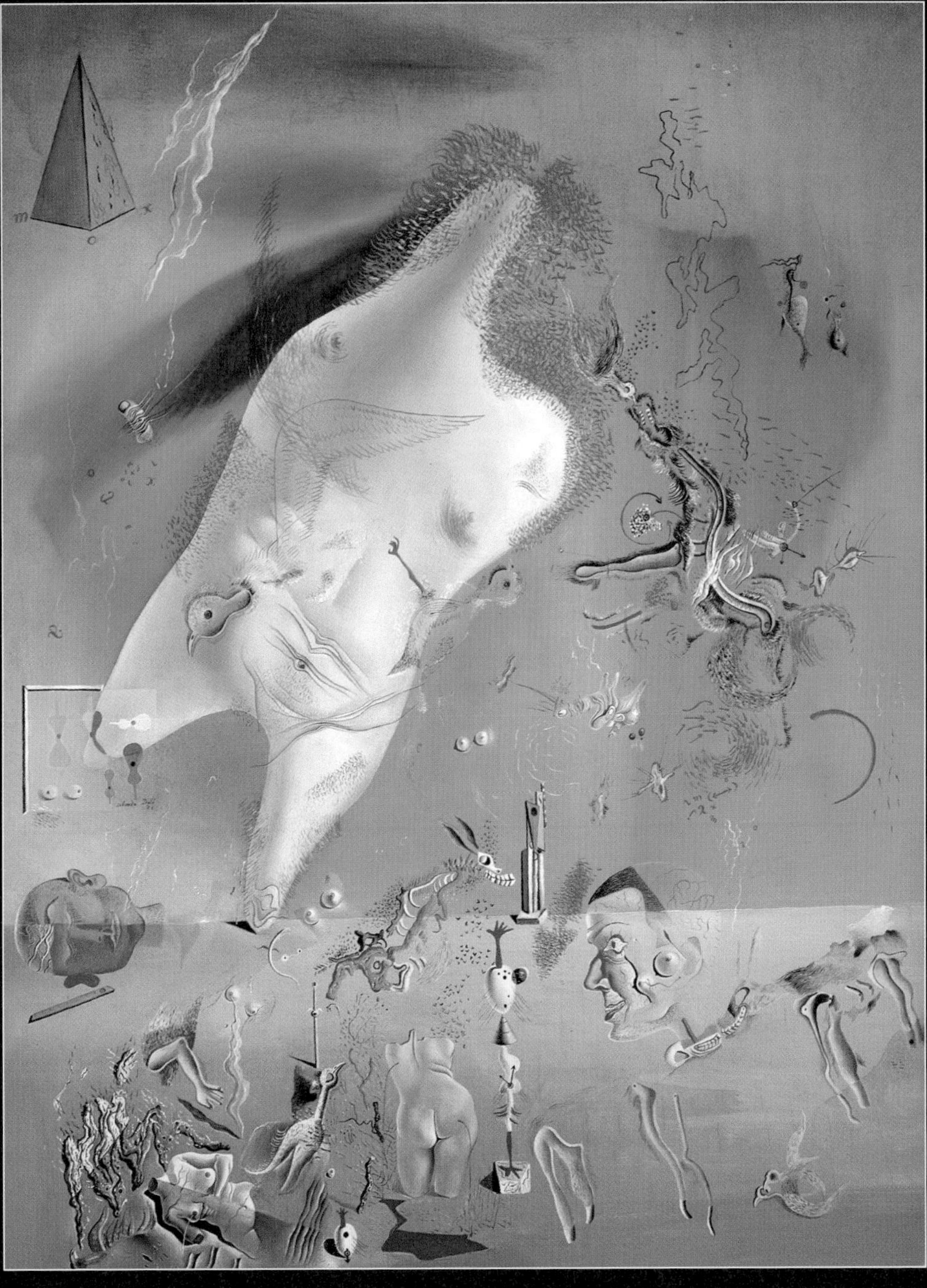

헛된 시도
Futile Efforts

살바도르 달리, 1927/28

합판에 유채
$25^{1}/_{4}$ × 19 in (64 × 48 cm)
레이나소피아국립미술관, 마드리드

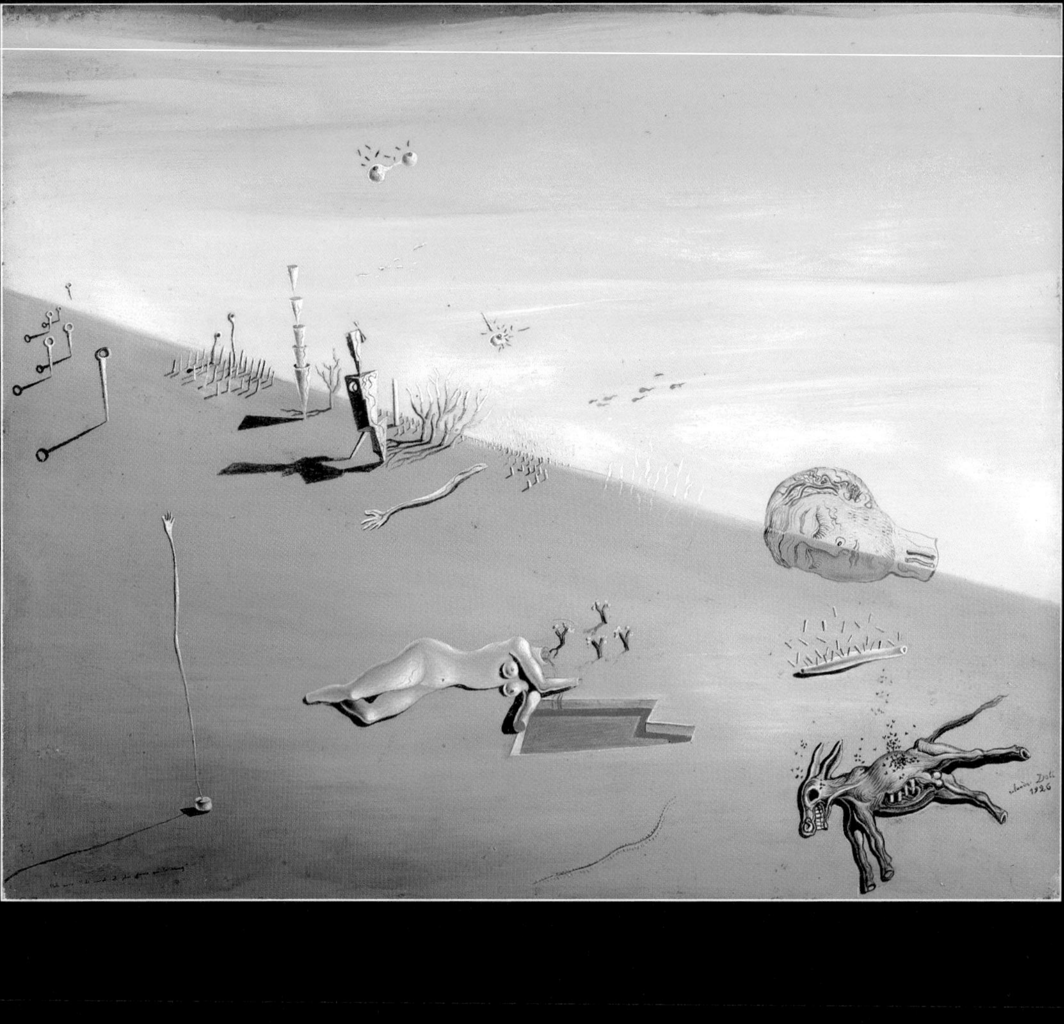

꿀은 피보다 달콤하다(완전한 연구)
Honey Is Sweeter than Blood(complete study)

살바도르 달리, 1926

꿀은 피보다 달콤하다

달리는 여전히 초현실주의를 경계하면서도 갈수록 더 초현실주의자들의 레퍼토리를 빌어다 썼다. 달리는 초현실주의의 핵심 주제인 꿈을 탐색하기 시작했다. 〈꿀은 피보다 달콤하다Honey Is Sweeter than Blood〉에서 우리는 꿈속으로 들어간다. 모든 것이 잠들어 있다. 몸이 쓰러져 잠들어 있고, 잘려 나간 머리는 눈을 감았다. 몸이 쉬는 동안 '마음' – 상상과 꿈의 중심 – 은 밝은 색상으로 생기 넘친다. 꿈속의 생각이 흩어진 이미지로 제시되는데, 가령 썩어가는 당나귀와 우글거리는 개미떼가 나온다. 달리는 존재의 다양한 상태를 보여주려고 시도하면서 하늘의 젖가슴을 윙크하는 눈과 비슷하게 그린다. 이런 비유에는 대머리황새의 눈이 지니는 강렬함이 빠져 있다.

작품의 형식은 이브 탕기의 난해한 풍경화와 비슷하다. 달리는 그 전 해에 파리에서 탕기의 그림을 감상했다. 탕기와 마찬가지로 달리의 그림에서는 날카로운 지평선이 하늘과 무정형의 풍경을 구분하고 기이한 형상의 생물과 기하학적 형상의 지형이 섬뜩한 그림자를 드리운다.

이런 공격적인 기운이 앙드레 브르통과 불편하게 어울렸다. 브르통은 달리를 초현실주의로 끌어들이고 싶은 마음이 간절한 터라 달리의 그림에 나오는 목 잘린 머리와 피, 나중에 나오는 대변의 얼룩에 관해서는 예의상 언급을 피했다. 그사이 달리는 이런 걸 마구 쏟아내기 시작했다. 1929년 3월에는 파리로 가서 대학시절 친구인 루이스 부뉴엘과 함께 〈안달루시아의 개Un Chien Andalou〉라는 공포 영화를 만들었다.

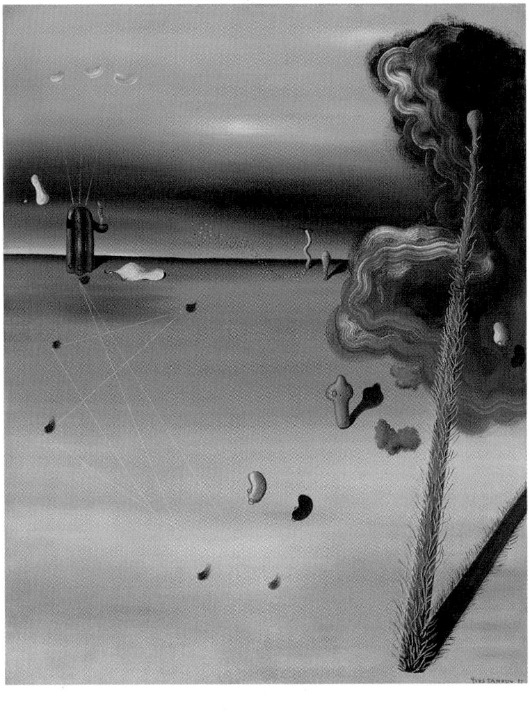

엄마, 아빠가 다쳤어요!
Mama, Papa Is Wounded!

이브 탕기, 1927년

캔버스에 유채.
$36^1/_4 \times 28^3/_4$ in (92.1 × 73 cm)
현대미술관, 뉴욕. 구매(78.1936)

영화의 초-현실

달리와 부뉴엘은 단 몇 달 만에 〈안달루시아의 개〉를 제작했다. 뇌리에서 지워지지 않는 영화이지만 – 남자의 손에 뚫린 구멍에서 개미떼가 들끓고 피아노 위에 썩어가는 당나귀가 놓여 있다 – 특히 첫 장면은 엄청나게 충격적이다. 영화가 시작하면 남자가 생각에 잠겨 하얀 달을 쳐다본다. 순백의 달이 이내 젊은 여인의 눈의 흰자가 되고 남자는 침착하게 여자의 눈을 옆으로 길게 자른다. 자르는 효과를 내기 위해 달리와 부뉴엘은 빠른 몽타주 기법을 활용했다. 죽은 동물의 눈을 자르는 장면을 미리 찍어놓고 이 장면을 남자가 여자의 눈을 벌리는 장면에 겹쳐 놓은 것이다. 관객은 속임수를 알아채더라도 여전히 본능적인 공포에 사로잡힌다. 부뉴엘은 사람들이 어떻게 반응할지 우려한 나머지, 관객이 과격해질 때를 대비해 주머니에 돌멩이를 넣고 시사회장에 나타났다.

초현실주의의 전장: '피, 똥, 부패'

달리는 〈안달루시아의 개〉를 찍은 후 5년 동안 주로 파리에서 지냈다. 파리의 '자기처벌적인 건축'과 정신없는 삶의 속도를 경멸하면서도 유럽의 전위파 세계에서 경력을 쌓고 입지를 다지려면 파리에 머물러야 한다고 판단했다. 얼마 지나지 않아 달리는 당대 전위파의 논의에 오르내렸고, 초현실주의의 두 분파 사이에 끼었다. 두 분파란 브르통의 이상주의와 조르주 바타유Georges Bataille의 기저 유물론이었다. 초현실주의 운동의 주도권을 잡으려고 다투던 브르통과 바타유는 이제 서로 달리를 대변하겠다고 싸웠다.

바타유가 브르통보다 달리를 더 이해했다고 봐도 무방할 것이다. 바타유는 '피, 똥, 부패'에 관한 언급을 피하지 않아도 되었다. 그는 달리의 작품의 '지독한 추함'을 높이 평가했다. 두 사람의 생각에는 겹치는 부분이 많다. 달리처럼 바타유는 현대의 삶은 더 이상 구체적인 현실, 기저 유물론과 접촉하지 못한다고 보았다. 바타유는 동료 사상가들과 함께 〈도큐멍Documents〉이라는 잡지를 창간하고 달리의 관심을 끌었고, 두 사람 사이에 자연스럽게 생각의 교류가 일어났다. 〈도큐멍〉에는 '면밀히 관찰한 사진' – 울퉁불퉁 비틀린 발톱, 뻣뻣한 털이 붙은 발가락, 침이 한가득 고인 입, 죽은 파리 따위를 클로즈업한 사진 – 이 실렸는데, 달리가 높이 평가할 만한 이미지였다. 이 잡지는 전반적으로 에로티시즘과 죽음, 부패에 천착하는데, 모두 달리의 다음 작품인 〈봄이 시작되는 나날The First Days of Spring〉의 핵심 주제이기도 하다.

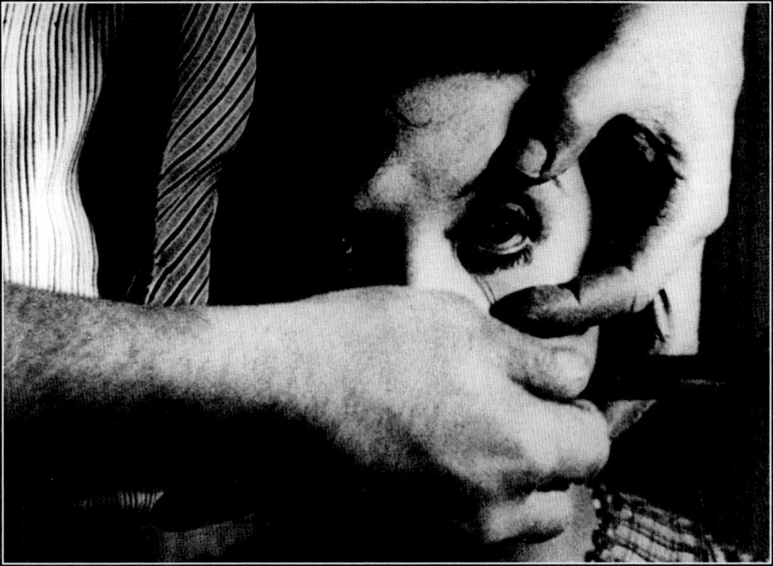

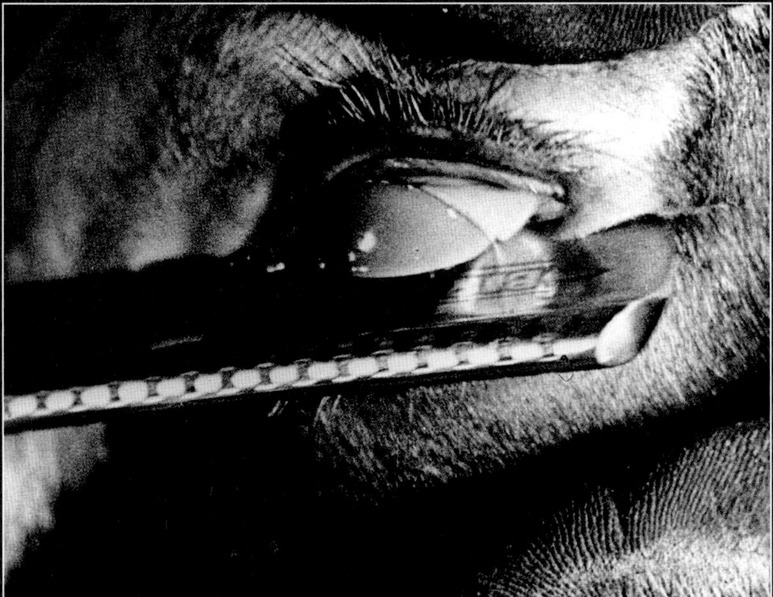

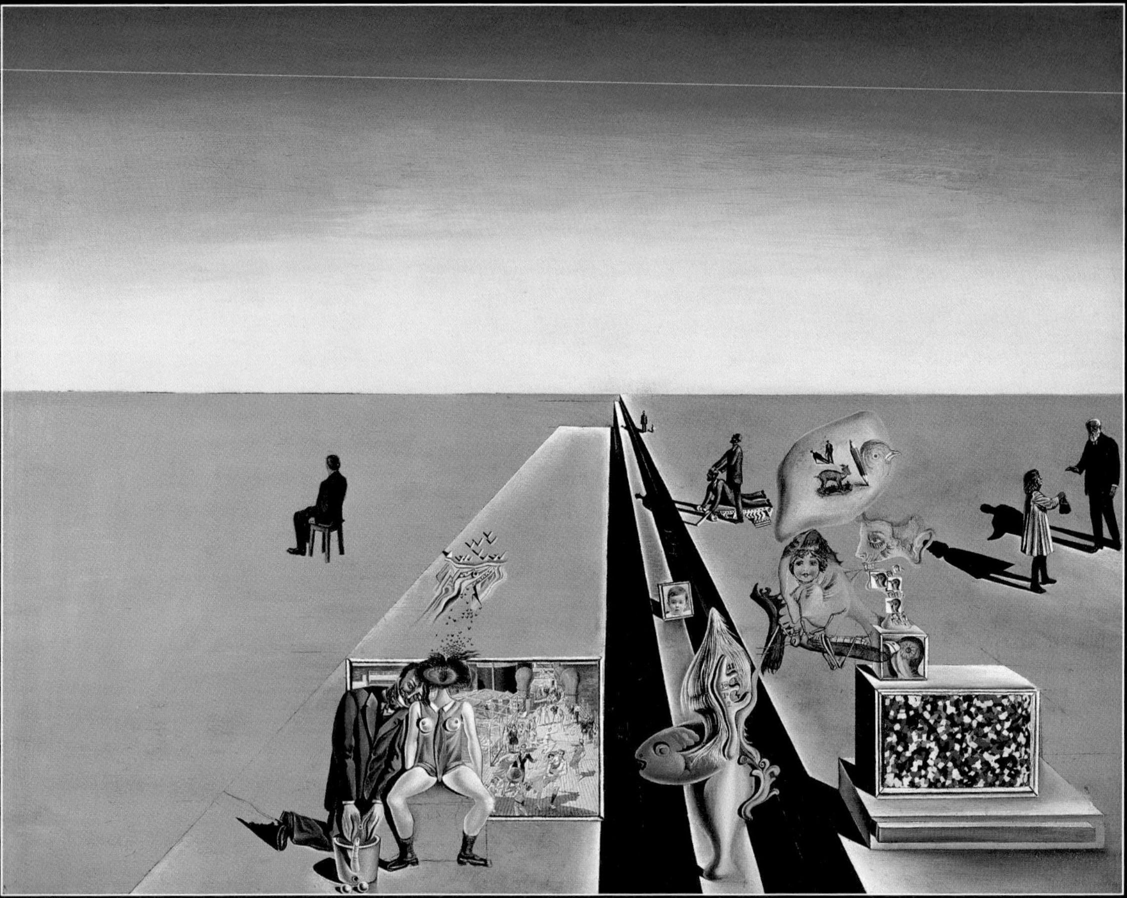

봄이 시작되는 나날

The First Days of Spring

살바도르 달리, 1929

패널에 유채와 콜라주
$19^1/_2 \times 25^1/_2$ in (49.5 × 64 cm)
살바도르달리미술관, 세인트피터즈버그, 플로리다
E. & A. 레이놀즈모스에서 대여

봄이 시작되는 나날

달리의 여동생은 〈봄이 시작되는 나날〉을 '캔버스에 펼쳐진 악몽'이라고 말했다. 우리는 이제 또 하나의 꿈의 세계로 들어간다. 이번에는 프로이트의 〈꿈의 해석Interpretation of Dreams〉이 모든 부분에 영향을 미치는데, 실제로 프로이트가 직접 갈색 양복을 입은 나이든 남자로 등장한다. 달리는 꿈에는 고통스러운 유년기 경험이 나타날 수 있다는 프로이트 이론에 주목하여 자신의 개인적인 기억을 밝은 색채의 상징으로 형상화한다.

잠든 사람의 머리에 붙어 있는 거대한 메뚜기는 달리의 곤충공포증을 반영한다. 공포증은 유년기의 경험에서 비롯됐다. 〈나는 세계의 배꼽이다〉에는 달리가 어느 날 몹시 불쾌하고 미끄덩거리며 침을 질질 흘리는 물고기를 잡고서 물고기와 메뚜기의 얼굴이 똑같다는 사실을 발견하고 공포에 질린 일화가 나온다. 학교에 다닐 때 평소 괴롭히던 아이들이 달리가 메뚜기를 무서워하는 걸 놀리면서 셔츠에 메뚜기를 집어넣은 적이 있었다. 달리는 잘린 머리의 입과 눈 안쪽에 메뚜기의 집게발을 그려 넣어 몸에 벌레가 기어 다니는 섬뜩한 감각을 표현한다. 이런 무서운 이미지와 더불어 과거에서 떠올린 행복한 이미지도 있다. 이를테면 잠자는 머리는 카다케스의 대암초 중 하나의 형상이다. 동물 형상 – 작은 사슴과 독수리 대가리 – 은 달리가 좋아하는 책에 실려 있던 삽화로 보인다. 뭉툭한 연필은 달리가 처음 가진 크레용의 이미지로 보인다.

달리가 꿈을 불러내는 방식은 매우 정교하다. 일상에서 아무런 관계가 없는 사물을 한자리에 배치하는데, 가령 손가락을 양동이에 붙이는 식이다. 이 그림에서 달리는 꿈속에서는 시간과 공간이 어떻게 결합되는지 보여준다. 이를테면 달리는 (길 위의 사진 속) 아기로도 나오고 (저 멀리) 아버지의 손을 잡은 소년으로도 나오고 (앞쪽의) 남자로도 나온다. 또한 유년기의 공포를 성욕과 결합한다. 맨 왼쪽 남자는 노골적으로 성적인 형상의 머리가 달린 나체 여자 옆에서 몽상에 잠긴다.

달리는 사물의 변화하는 상태를 보여주고, 그룹으로 묶인 이미지들은 일련의 변형되는 상태로 읽힌다. 기이한 체형으로 앉아 있는 천사 같은 아이의 얼굴을 예로 들면, 몇 가지 단계를 해석할 수 있다. 정맥 같은 가지(식물 형상)가 잠든 머리가 되었다가 다시 천사의 얼굴이 되는 것이다. 사실 여기서는 투사가 제대로 표현되지 않고 달리도 그 점을 인지했다. 그는 〈안달루시아의 개〉를 찍으면서 변형을 보여주는 데는 영화가 훨씬 더 적합하다는 사실을 깨달았다.

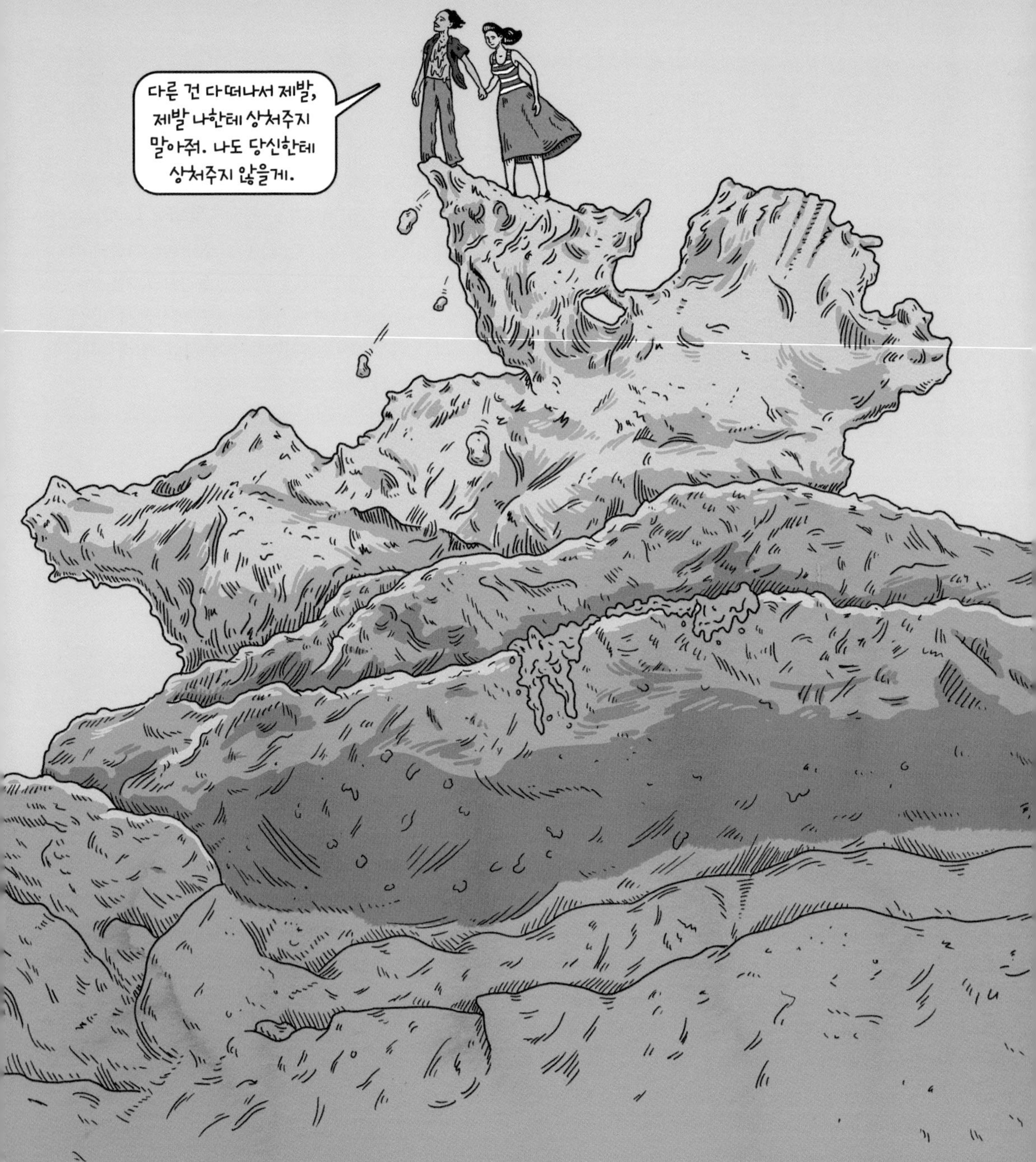

달리가 나중에 쓴 글:

'캅 데 크레우스의 대암초로 소풍갔을 때 나는 갈라에게 어마어마하게 높이 솟은 제일 위험한 꼭대기에 올라가자고 막무가내로 졸랐다. 거기까지 올라간 데는 분명 나의 사악한 의도가 숨어 있었다. 특히 우리가 독수리라는 이름의, 독수리가 깎아지른 낭떠러지 위로 날개를 펼친 형상으로 굽어 있는 거대한 분홍 화강암 봉우리 꼭대기에 올라갔을 때 나는 본색을 드러냈다. 나는 그 높은 곳에서 놀이를 생각해내서 갈라를 끌어들였다. 큼직한 화강암 돌덩이를 절벽 아래로 굴리고 돌덩이가 한참 아래 바위에 부딪히거나 바다에 떨어지는 모습을 지켜보는 놀이였다.'

어린 왕, 여왕을 만나다

달리는 작품 활동에 지쳐서 카다케스의 집으로 돌아갔다. 고향에서 프랑스 시인 폴 엘뤼아르Paul Eluard와 그의 아내 갈라와 어울렸다. 달리는 곧 갈라에게 마음을 빼앗겼다. 그는 겸손하게 갈라가 "나를 천재로 여겼다."고 술회한다. 두 사람의 연애는 초현실주의 연극처럼 전개됐다. 이를테면 달리가 첫 데이트하는 날 입으려고 고른 복장이 해괴했다. 옆구리가 길게 트인 실크 셔츠와 트렁크를 입고 진주목걸이를 목에 걸었다. 생선 아교와 염소똥으로 직접 성유를 바르고 피와 파란색 물감으로 겨드랑이를 물들였다. 하지만 집을 나서기 전에 문득 의구심이 들어서 얼른 씻고 의상에서 힘을 뺐다. 세차게 불어오는 트라몬타나 바람을 맞으며 달리는 갈라를 데리고 캅 데 크레우스 반도를 가로질러 가서 독수리 바위를 보여주었다.

여왕 갈라

훗날 달리는 사교계의 젊은 여인 아만다 리어Amanda Lear에게 "나는 여왕처럼 성장盛粧하고 보석으로 치장한 갈라를 보고 싶다."고 말했다. 첫 만남 후 얼마 지나지 않아 갈라는 남편과 어린 딸을 버리고 달리에게 갔다. 열 살 연상인 갈라는 어머니처럼 군림하면서 달리를 보살폈다. 처음 만난 날 갈라는 달리에게 이렇게 말했다. "내 사랑, 우리는 절대로 다시는 서로를 떠나서는 안 돼." 달리는 어린애 취급당하면서 온종일 주머니에 동전 한 닢 없이 돌아다니고 돈은 갈라가 쓸어 담았다. 달리는 기꺼이 동조했다. 리어는 이렇게 기억한다. "달리는 수표를 받을 때마다 곧바로 갈라에게 가져다주었고, 갈라는 그대로 자기 지갑에 넣었다." 갈라는 달리 제국을 확장하는 과업을 책임지고 달리의 작품과 글을 홍보하고 후원자를 찾아다니고 작품 판매와 전시회를 준비했다. 달리는 작품에 '갈라 살바도르 달리'라고 서명할 때도 많았다. 사람들은 갈라가 달리를 쥐고 흔드는 태도를 못마땅해 했다. 미술사가 존 리처드슨John Richardson은 대다수 사람들은 "(갈라를) 알면 싫어하게 된다는 데 수긍할 것"이라고 적었다. 갈라가 계획했다면, 달리는 통치했다. 달리는 차 안에 앉은 채 퍼붓는 빗속에서 갈라가 타이어를 갈아 끼우는 걸 구경한 적이 있다고 밝힌다. 나중에 그는 리어와 이 일에 관해 이야기를 나누다 "기본적으로 나는 골칫거리"라고 인정한다.

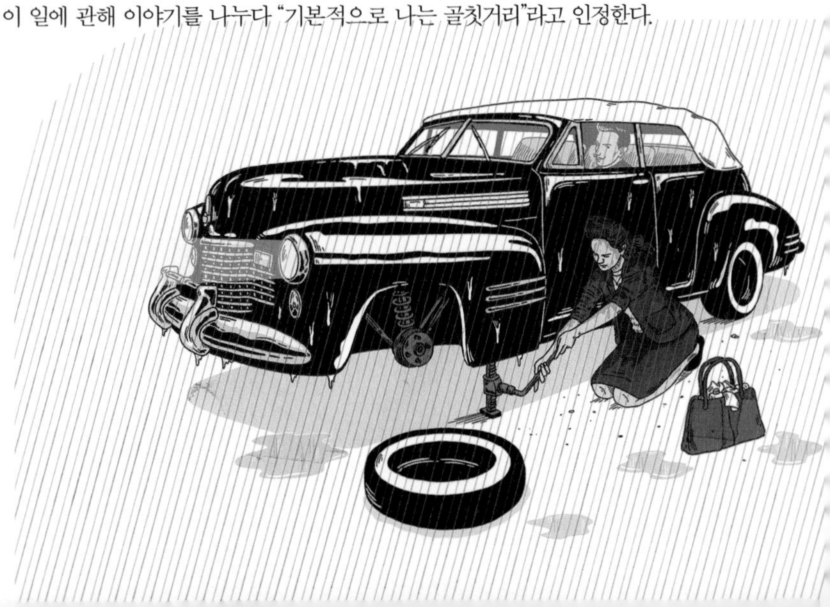

초현실주의에 가담하다

1929년 여름에 달리는 초현실주의 운동에 뛰어들기로 마음먹었다. 왜 이때였을까? 기회를 포착하고 거머쥔 것이다. 달리는 '가급적 빠른 시일 내에 주도자가 될' 작정이었다. 브르통은 달리의 카리스마가 그들의 집단에 도움이 되고 초현실주의 예술의 새로운 지평을 열어줄 것으로 보았던 듯하다. 브르통은 달리를 자기 방식대로 끌어들이고는 달리의 작품에 나타난 '환각' 효과에 찬사를 보내면서 달리가 관객을 신비로운 이상향으로 데려간다고 주장했다. 두 사람의 차이는 금방 수면 위로 떠올랐지만 둘 다 프로이트의 이론에 관심을 보였다. 1938년에 달리는 런던 엘스워시가에 있는 프로이트의 자택을 찾아갔다. 당시 프로이트는 구강암으로 대화가 힘들어서 거의 말을 하지 않았다.

〈봄이 시작되는 나날〉에는 변화가 눈에 띄는데, 달리가 처음으로 프로이트 이론의 관점에서 무의식을 형상화하려고 시도한 작품이다. 이무렵 달리는 프로이트의 용어로 초현실주의를 정의했다. 그는 프로이트가 '인체에는 비밀스런 서랍이 가득하다는 사실을 밝혀냈다'고 주장하면서 무의식 세계는 '초-현실적인' 일들이 벌어지는 미지의 영역이라고 감탄했다. 이후 여러 작품에서 달리는 인체를 캐비닛이나 서랍장으로 표현한다. 〈인간 형상의 캐비닛The Anthropomorphic Cabinet〉에서는 무의식의 비밀 서랍을 열어서 그의 표현대로 '무수한 자기애의 냄새가 풍겨 나오게' 놔둔다. 가느다란 핏줄, 애벌레 같은 머리카락, 서랍에서 쏟아져 나오는 창자가 흉측하다. 이 작품에는 자기혐오감, 곧 달리 스스로 자신의 내면세계가 남들에게 괴물 같고 혐오스러울 거라고 믿는 심리가 드러난다.

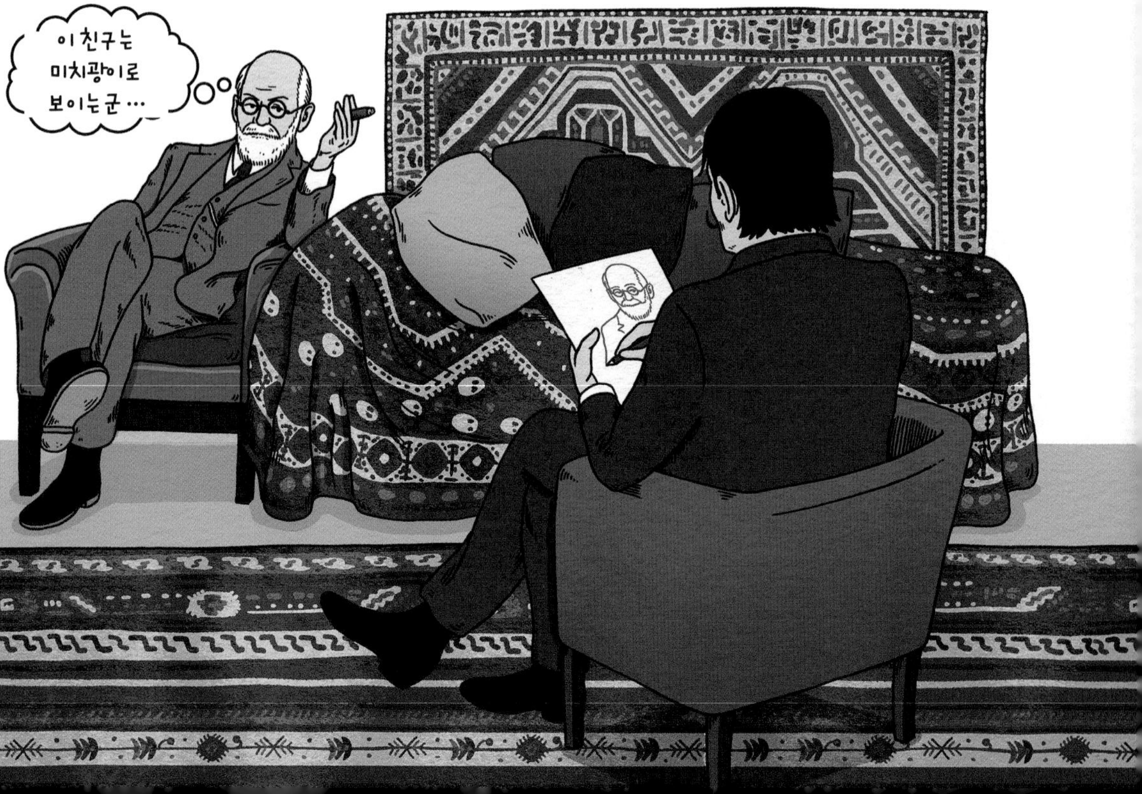

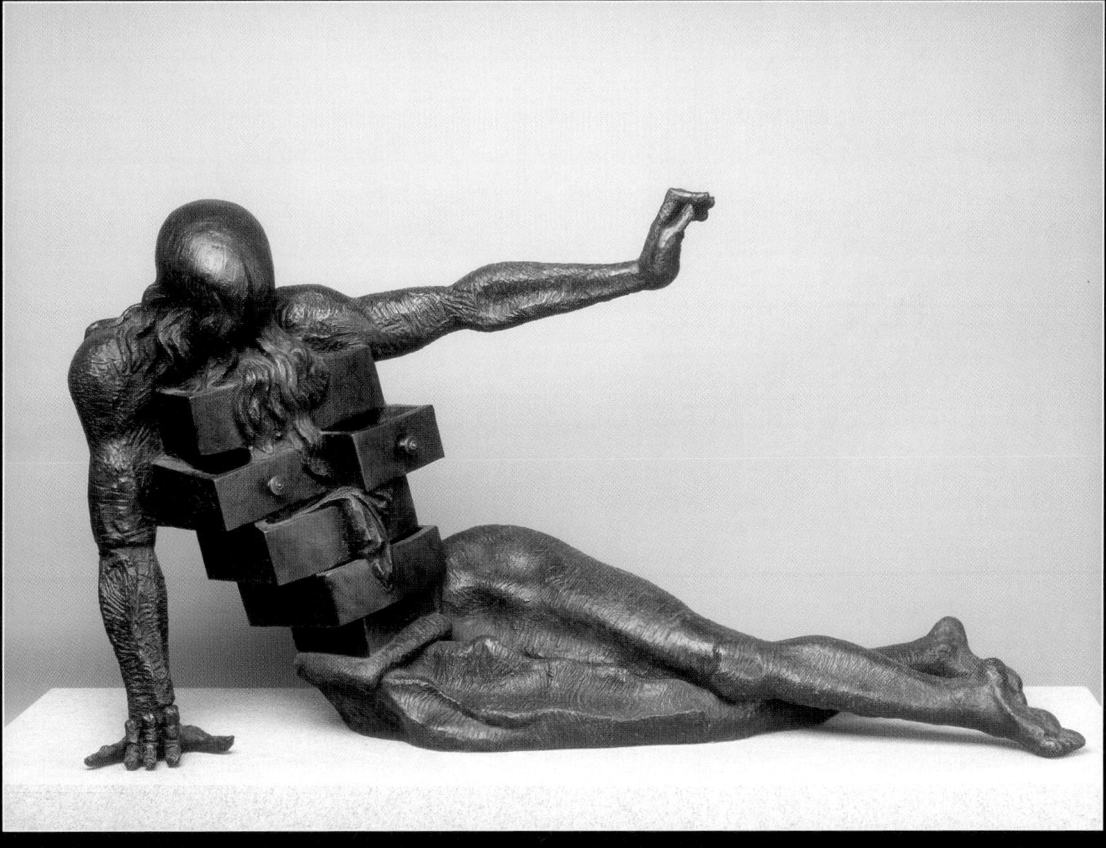

달리의 서랍장

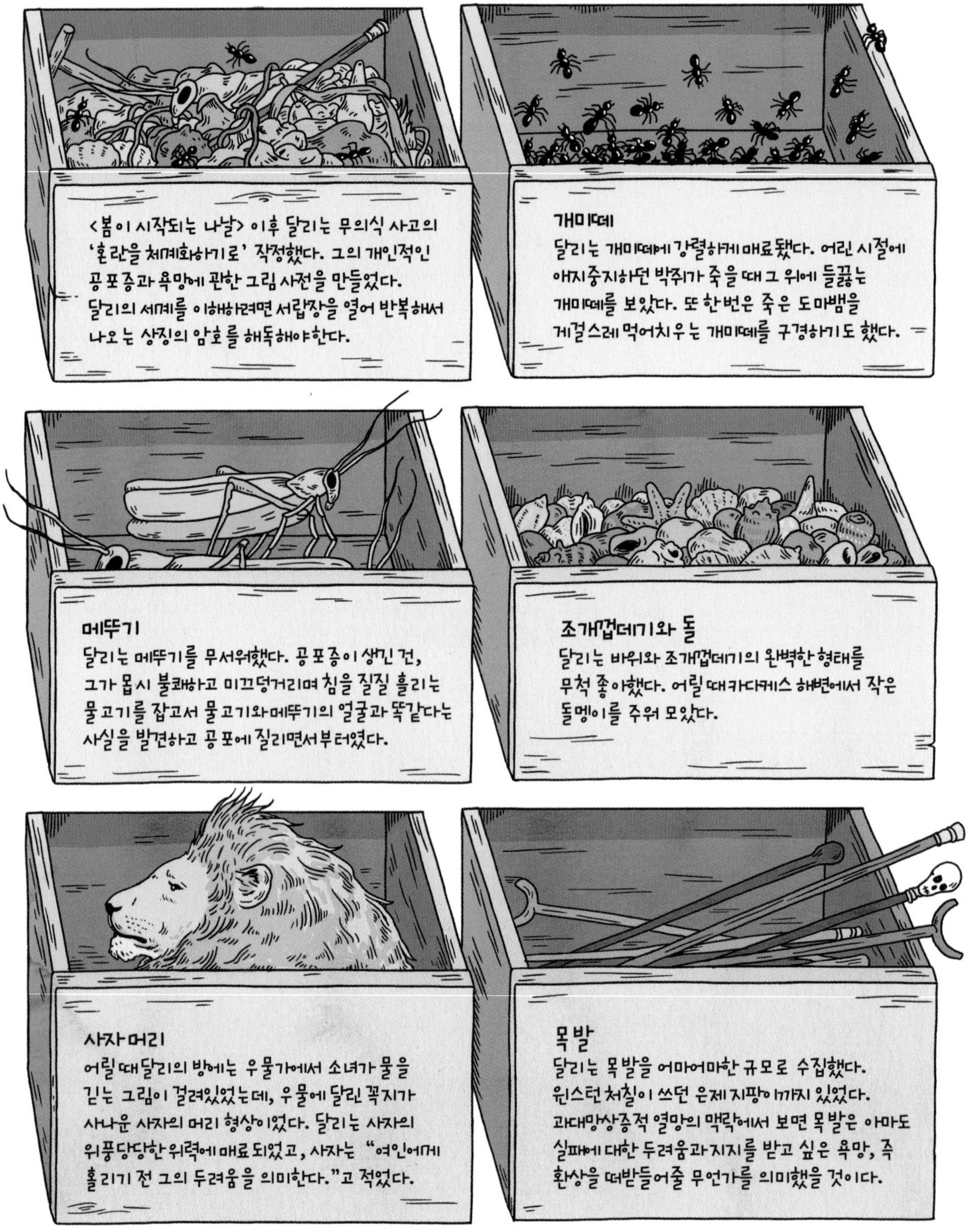

<봄이 시작되는 나날> 이후 달리는 무의식 사고의 '혼란을 체계화하기로' 작정했다. 그의 개인적인 공포증과 욕망에 관한 그림 사전을 만들었다. 달리의 세계를 이해하려면 서랍장을 열어 반복해서 나오는 상징의 암호를 해독해야 한다.
개미떼
달리는 개미떼에 강렬하게 매료됐다. 어린 시절에 애지중지하던 박쥐가 죽을 때 그 위에 들끓는 개미떼를 보았다. 또 한번은 죽은 도마뱀을 게걸스레 먹어치우는 개미떼를 구경하기도 했다.
메뚜기
달리는 메뚜기를 무서워했다. 공포증이 생긴 건, 그가 몹시 불쾌하고 미끄덩거리며 침을 질질 흘리는 물고기를 잡고서 물고기와 메뚜기의 얼굴과 똑같다는 사실을 발견하고 공포에 질리면서부터였다.
조개껍데기와 돌
달리는 바위와 조개껍데기의 완벽한 형태를 무척 좋아했다. 어릴 때 카다케스 해변에서 작은 돌멩이를 주워 모았다.
사자 머리
어릴 때 달리의 방에는 우물가에서 소녀가 물을 긷는 그림이 걸려있었는데, 우물에 달린 꼭지가 사나운 사자의 머리 형상이었다. 달리는 사자의 위풍당당한 위력에 매료되었고, 사자는 "여인에게 홀리기 전 그의 두려움을 의미한다."고 적었다.
목발
달리는 목발을 어마어마한 규모로 수집했다. 윈스턴 처칠이 쓰던 은제 지팡이까지 있었다. 과대망상증적 열망의 맥락에서 보면 목발은 아마도 실패에 대한 두려움과 지지를 받고 싶은 욕망, 즉 환상을 떠받들어줄 무언가를 의미했을 것이다.

달리, 아버지와 의절하다

1929년은 달리에게 중요한 해였다. 그는 파리로 옮겨서 사랑에 빠지고 초현실주의에 가담했다. 그는 변덕스럽게 히스테리를 부리기 시작했다. – 갈라와의 첫 데이트에서 잘 드러난 것처럼. 달리의 아버지는 아들의 행동에 화를 내고 남의 아내를 만나는 것도 못마땅해 했다. 그러다 달리가 작품에 이렇게 썼다는 말을 들었다. "가끔, 나는 재미삼아 어머니의 초상화에 침을 뱉는다." 아버지는 자연히 아들의 행동을 죽은 아내에 대한 모욕으로 여겼다.

1929년 12월 6일에 아버지에게서 앞으로 경제적 지원도 끊고 카다케스에서 추방하겠다는 편지가 날아들었다. 프로이트 이론에 정통한 달리는 아버지의 거절이 안겨준 심리적 충격에 관해 말하면서도 자신의 행동에는 책임을 지지 않았다. 뼛속까지 자기애자인 달리는 이런 불행한 사건이 불러온 관심을 즐기고 새로운 드라마를 써나갔다. 아버지에 대한 반발로 머리카락을 잘라 카다케스의 바닷가에 묻었다. 그리고 머리를 완전히 밀고 머리 위에 성게를 얹은 채 부뉴엘에게 사진을 찍어달라고 부탁했다.

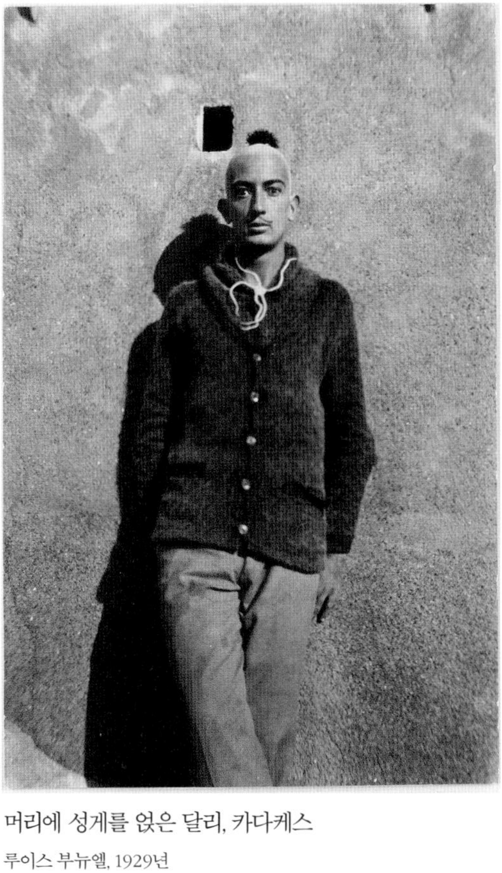

머리에 성게를 얹은 달리, 카다케스

루이스 부뉴엘, 1929년

젤라틴 실버 프린트
$11^{3}/_{4} \times 7^{1}/_{2}$ in (30 × 19 cm)
이스라엘박물관. 뉴욕 새무얼고로보이재단에서 이스라엘박물관의 미국 친구들에 기증(B89.0066)

파리에서 왕과 왕비 노릇하다

파리의 생활은 달리와 갈라에게 극심한 스트레스를 안겨주었다. 그들은 찢어지게 가난한 처지로 돈 많고 화려한 사람들 틈에서 지내야 했다. 달리와 갈라는 그런 사람들 틈에서 깊은 인상을 남기고 싶은 욕심에서 철저히 각자의 역할을 연기했다. 왕과 왕비처럼 지인들을 불러 파티를 열었고, 갈라는 이리저리 뛰어다니며 달리의 그림과 새로운 '초현실주의' 물건을 팔았다. 달리는 몇 가지 놀라운 디자인을 제안했는데, 당시에는 팔리지 않았지만 그중 몇 가지는 오늘날에도 상품으로 남았다.

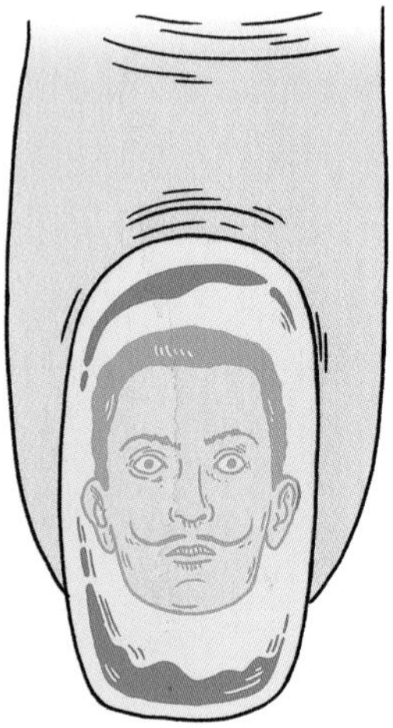

언제든 감탄하면서 자기를
비춰볼 수 있는 거울 달린
손톱…

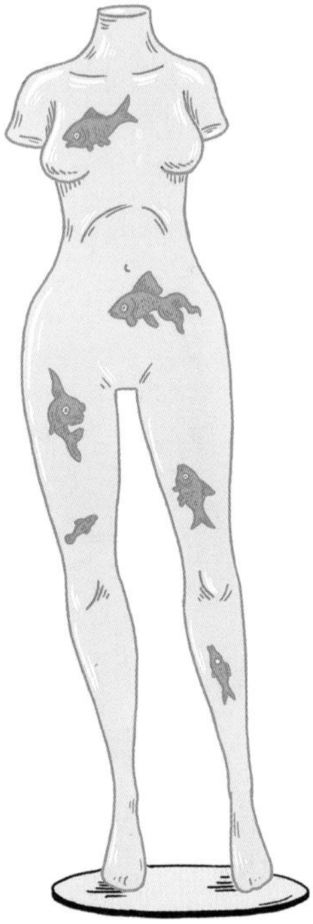

물과 금붕어를 채운
투명 마네킹…

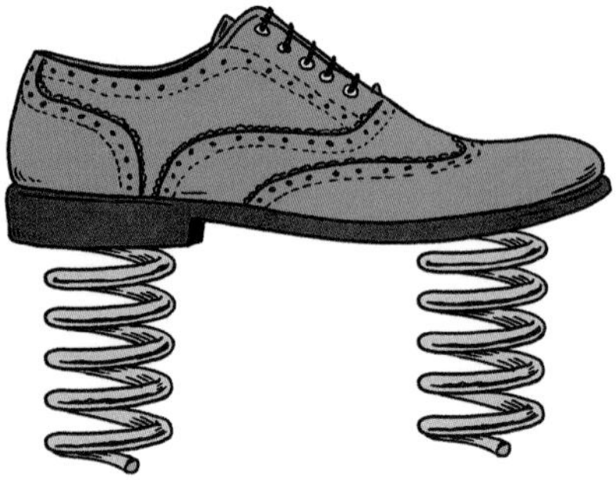

스프링 달린
신발…

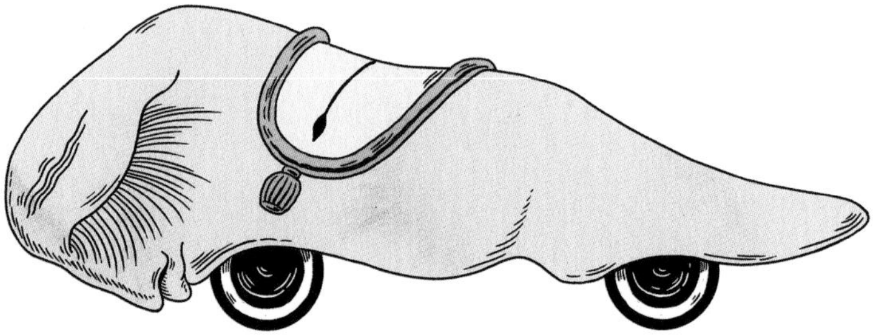

공기 역학적인 자동차…

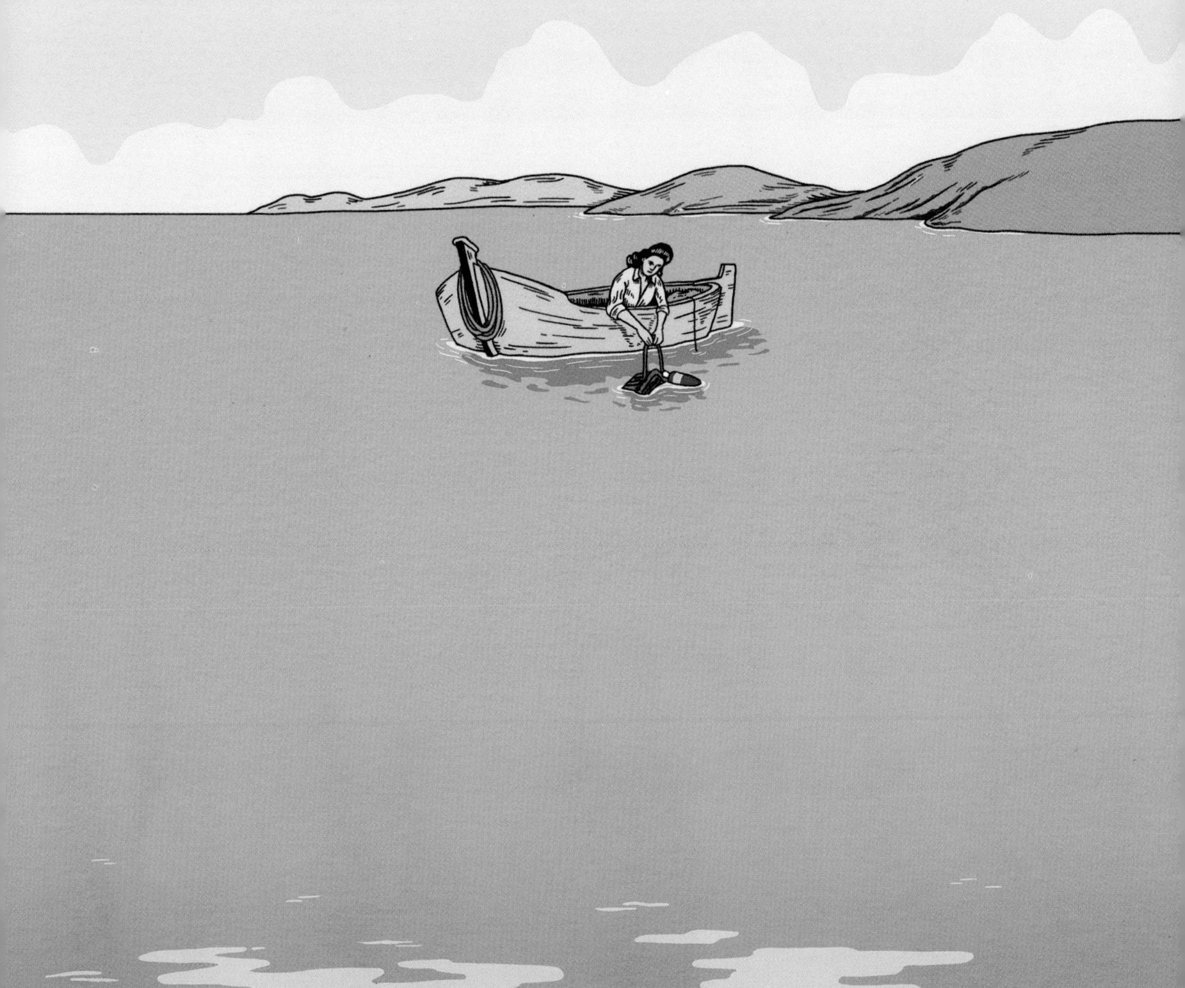

가운 차림으로 바다에 나가다

1929년에 달리와 갈라는 카다케스 인근의 포르트 리가트 마을에서 어부의 오두막을 사들였다. 여기서는 중압감에 짓눌린 도시 생활에서 벗어나 평온하게 지낼 수 있었다. 작은 오두막에는 전기도 들어오지 않고 수돗물도 나오지 않았다. 달리와 갈라는 고독하고 느린 삶을 좋아했다. 아침이면 달리는 그림을 그리고, 갈라는 노를 저어 바다로 나가서 점심에 먹을 바닷가재나 물고기를 잡았다.

시간의 지속

달리가 〈시간의 지속The Persistence of Memory〉을 그리던 날 갈라는 영화를 보러 나갔다. 갈라가 돌아오자 달리는 일단 앉아서 눈을 감아달라고 부탁했다. 그리고 극적으로 하나, 둘, 셋을 외치고는 눈을 뜨라고 하고 캔버스를 덮은 천을 걷었다. 갈라는 "누구든 이 그림을 한번 보면 절대 잊지 못할 것"이라고 감상평을 말했다. 녹아내리는 시계들이 불안정해 보이지만 상징적인 이미지에는 단순함이 깃들어 있다. 이 그림은 포르트 리가트에 있는 집의 정신을 포착하는데, 달리에 따르면 그 집에서는 시간이 느리게 흐르거나 '녹아내린다'고 했다. 또한 달리가 갈라에게 얻은 안락도 이 그림에 나타난다. "갈라는 … 나를 위해 껍데기를 만들어주었고 … 나는 내 안에서 부드럽고 아주 무르게 나이를 먹는다. 그리고 시계를 그린 그날, 나는 그것을 말랑말랑하게 그렸다." 시계는 또한 냄새가 지독한 치즈의 이미지이기도 하다. 달리는 시계를 그리기 전에 아주 부드러운 카망베르를 조금 먹었는데, 녹아내리는 치즈를 녹아내리는 시계로 표현했다.

부드러운 형태와 단단한 형태를 오가는 놀이에는 달리를 사로잡는 무언가가 있다. 〈나는 세계의 배꼽이다〉의 첫 부분에는 달리가 거들먹거리며 시금치의 '지극히 무정형의 성격'의 공포에 관해 말하면서 바닷가재의 단단한 '갑옷'과 대조하는 장면이 나온다. 재치 있는 초현실주의자 달리는 사람들의 기대를 거스르며 장난치는 걸 좋아해서, – 보통은 변형되지 않는 강철로 만드는– 공공미술품을 먹을 수 있는 물렁물렁한 반죽으로 만들곤 했다. 그는 저녁식사 자리에서 동물 뼈를 먹으면서 손님들에게 혐오감을 불러일으키기도 했다. "새의 작은 머리통을 깨물어 먹으면 얼마나 근사한가? 인간이 뇌를 먹을 방법이 또 어디 있나?" 녹아내리는 시계는 단순한 장난만이 아니라 철학적 의미도 담고 있다. 오랫동안 시간은 인기 있는 주제였다. 알베르트 아인슈타인Albert Einstein과 앙리 베르그송Henri Bergson은 시계가 제시하는 시간의 타당성에 의문을 품었고, 달리의 부드러운 시계에는 베르그송의 지속durée, 곧 '실제' 시간의 유동성이 담겨 있다.

광기, 그리고 달리의 편집증적 비평 방법

'초현실적인' 현실에 대한 달리의 이해는 꾸준히 힘을 모으는 듯했다. 처음에는 초현실적인 현실을 자연스러운 무엇, 가령 환상적인 형태로 맨살을 드러낸 대암초와 같다고 보았고, 나중에는 프로이트의 무의식 세계를 자신의 이론에 접목시켰다. 그는 〈시간의 지속〉을 설명하면서 그에게 환영이 나타난다고 말한다. 1930년대에 달리는 편집증적 비평 방법이라는 개념을 개발했다. 신비로운 현상을 밝히려면 스스로 광기에 빠져야 한다는 개념이다. 달리는 스스로를 환각에 빠지고 복합적인 현실을 알아내는 광인에 비유하면서 "나와 광인의 유일한 차이는 나는 미치지 않았다는 데 있다."고 말했다. 브르통은 달리식 접근법의 가능성을 옹호하면서도 달리가 광기를 미화한 것은 몰이해한 발언이라고 보았다.

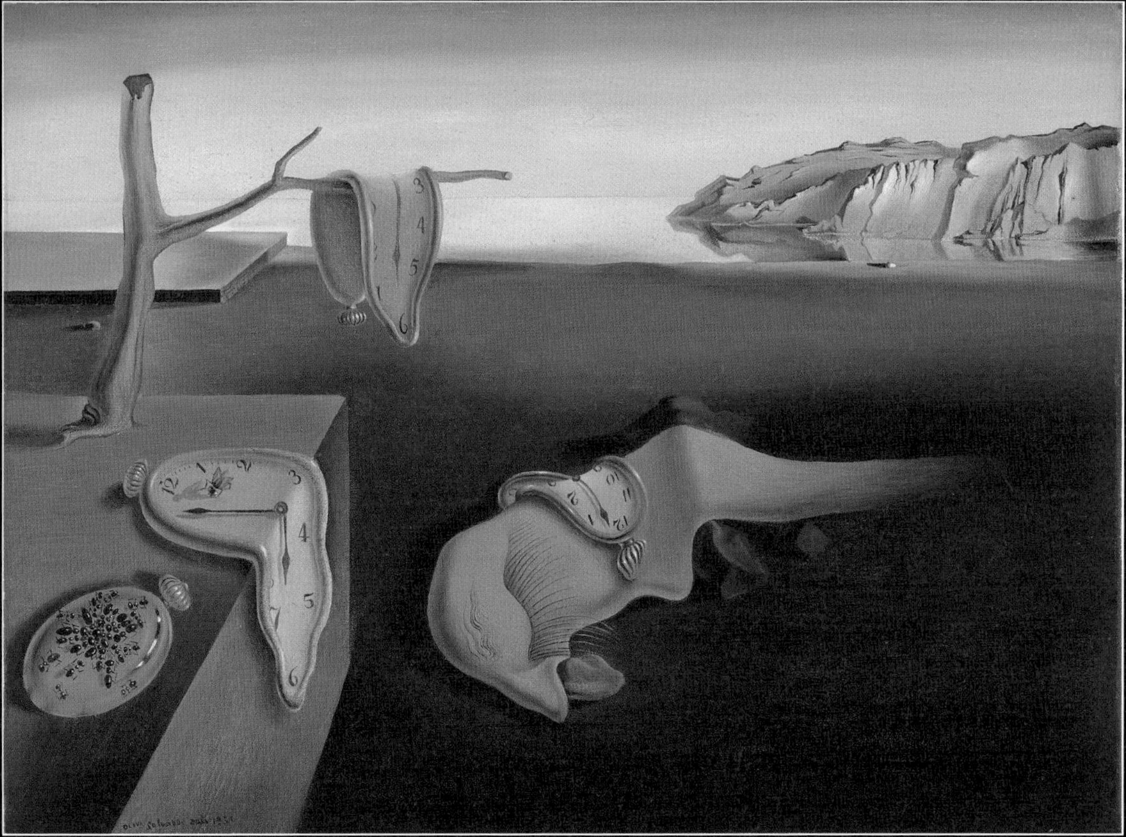

시간의 지속

The Persistence of Memory

살바도르 달리, 1931

캔버스에 유채
$9^{1}/_{2} \times 13$ in (24.1 × 33 cm)
현대미술관, 뉴욕

스트립쇼가 된 재판

브르통은 갈수록 달리의 몇 가지 관점을 우려했다. 달리는 몹시 잔혹해질 수도 있고 불편할 정도로 히틀러의 파시스트 이상과 유사한 가치관을 옹호했다. 마지막 결정타는 달리의 〈불가사의한 빌헬름 텔The Enigma of William Tell〉1933년경이라는 그림이었다. 이 작품에서는 – 공산주의 지도자이자 초현실주의자들의 영웅인 – 블라디미르 레닌Vladimir Lenin을 한심한 인물로 묘사하면서 반라인 채로 바닥에 쭈그리고 앉은 모습으로 그린다.

1934년 2월에 브르통은 달리를 '재판'에 소환하여 초현실주의에서 그의 역할을 해명하도록 요구했다. 달리는 그 모든 절차를 조롱했다. 털실로 짠 스웨터를 여러 겹 겹쳐 입고 온도계를 입에 물고 나타나서 자기가 아프다는 걸 표현했다. 질문이 하나 나올 때마다 스웨터 한 겹을 벗고 체온을 쟀다. 달리의 행동에 크게 화를 내는 사람도 있고 포복절도하는 사람도 있었다. 달리는 궁정광대 노릇으로 자기를 변호하면서 저 유명한 말을 남겼다. "나 자신이 초현실주의다." 초현실주의가 무의식 사고를 최우선에 둔다면서 무의식 사고를 검열하거나 금지하는 것은 모순이라고 지적한 것이다.
결국 어린 왕은 용케 곤란한 상황에서 빠져나갔고, 브르통도 1939년까지는 달리를 초현실주의 모임에서 정식으로 추방하지 않았다.

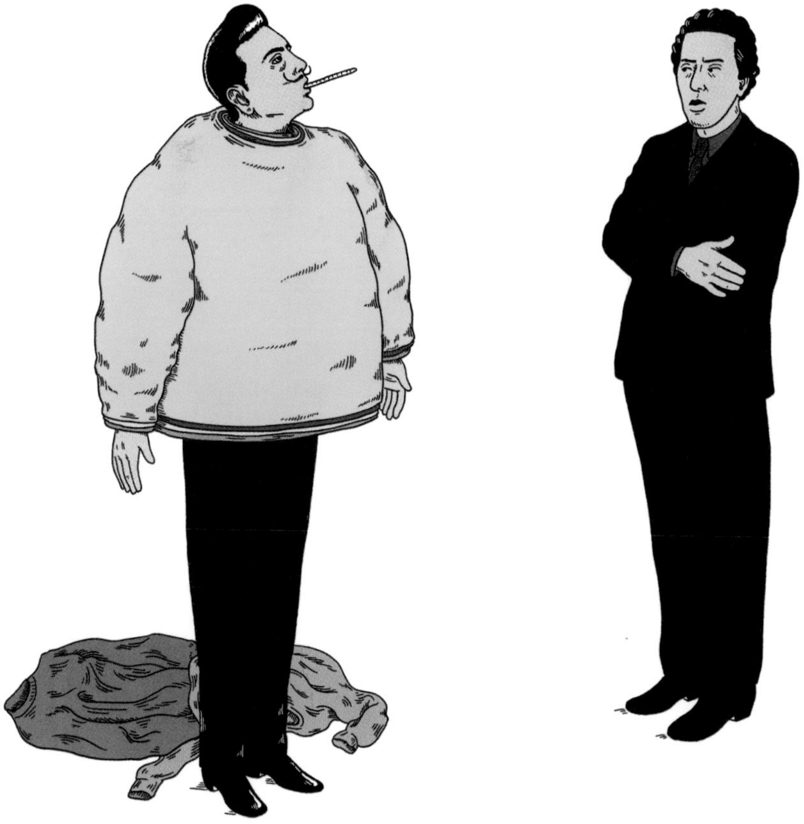

미국 여행

1934년 무렵 달리는 조바심을 냈다. 초현실주의 재판이 그에게도 곤혹스러운 사건이었고, 수중에 돈 한 푼 없었으며, 그는 성공과 명성을 갈망하는 사람이었다. 한편 미국에서는 달리의 작품에 대한 관심이 나날이 커졌다. 어린 왕이 발을 동동 구르자 어느 비밀 후원자(피카소로 밝혀진다)가 미국 여행 경비를 대주었다. 여행은 마치 현재 진행형의 초현실주의 드라마 같았다. 항해 중에 겁에 질린 달리는 대서양을 횡단하는 내내 이층침대에 몸을 묶고 그림을 끈으로 손가락이나 옷에 동여맸다. 배에서 내릴 때는 어마어마하게 긴 바게트를 메고 내리면서 몰려든 기자들에게 환대를 받았다. 그리고 의식에 따라 '빵을 잘라서' 어리둥절한 관객들에게 나눠주었다.

달리는 뉴욕의 풍경에서 초현실적인 아름다움을 발견했다. "뉴욕이 내 앞에서 녹청과 분홍, 연유빛 흰색으로 솟아올랐다. 마치 거대한 고딕풍의 로크포르 치즈* 같았다. 나는 로크포르 치즈를 좋아한다." 달리는 글에서 '사이프러스 나무가 빈 고층건물 벽에서 자라는' 부조리한 것들을 위한 공간인 미국을 좋아하고, 초현실주의적인 사유를 할리우드의 슬랩스틱뿐 아니라 "비이성의 선구자들인 맥 세네트Mack Sennett, 해리 랭던Harry Langdon, 그리고 도저히 잊히지 않는 버스터 키튼Buster Keaton"과 연결한다.

* 푸른곰팡이가 피고 냄새가 강한 프랑스산 치즈

줄리언레비미술관에서 전시회를 연 날 밤에 달리는 뉴욕 사람들에게 즐거움을 선사하고 그들의 마음을 사로잡았다. 전시회는 대성공이었다. 그림 열두 점이 팔렸는데, 그림 가격이 유럽에서 받아본 금액보다 훨씬 높은 액수까지 올라갔다. 미국 여행은 끝없는 홍보의 연속이었고, 달리는 그의 지위를 높일 만한 모든 기회를 놓치지 않았다. 그는 몇 차례 강연으로 세간의 이목을 끌었다. 1935년 1월 11일에 현대미술관에서 '초현실주의 그림과 편집증적 이미지'에 관해 강의했다. 여행이 끝날 무렵에는 뉴욕의 유명인사가 되어 있었다. 그리고 달리는 뉴욕에서의 매 순간을 좋아했다.

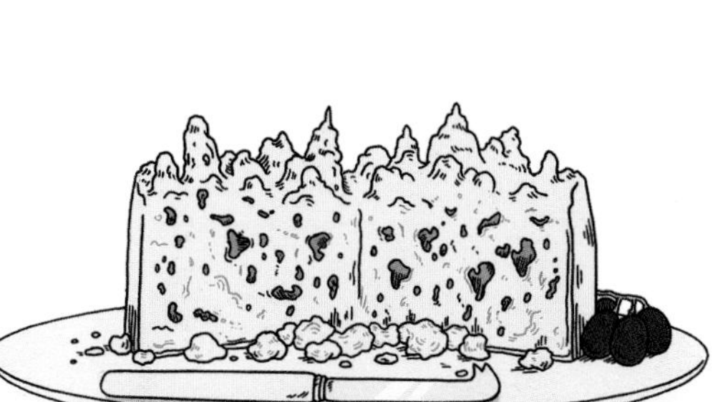

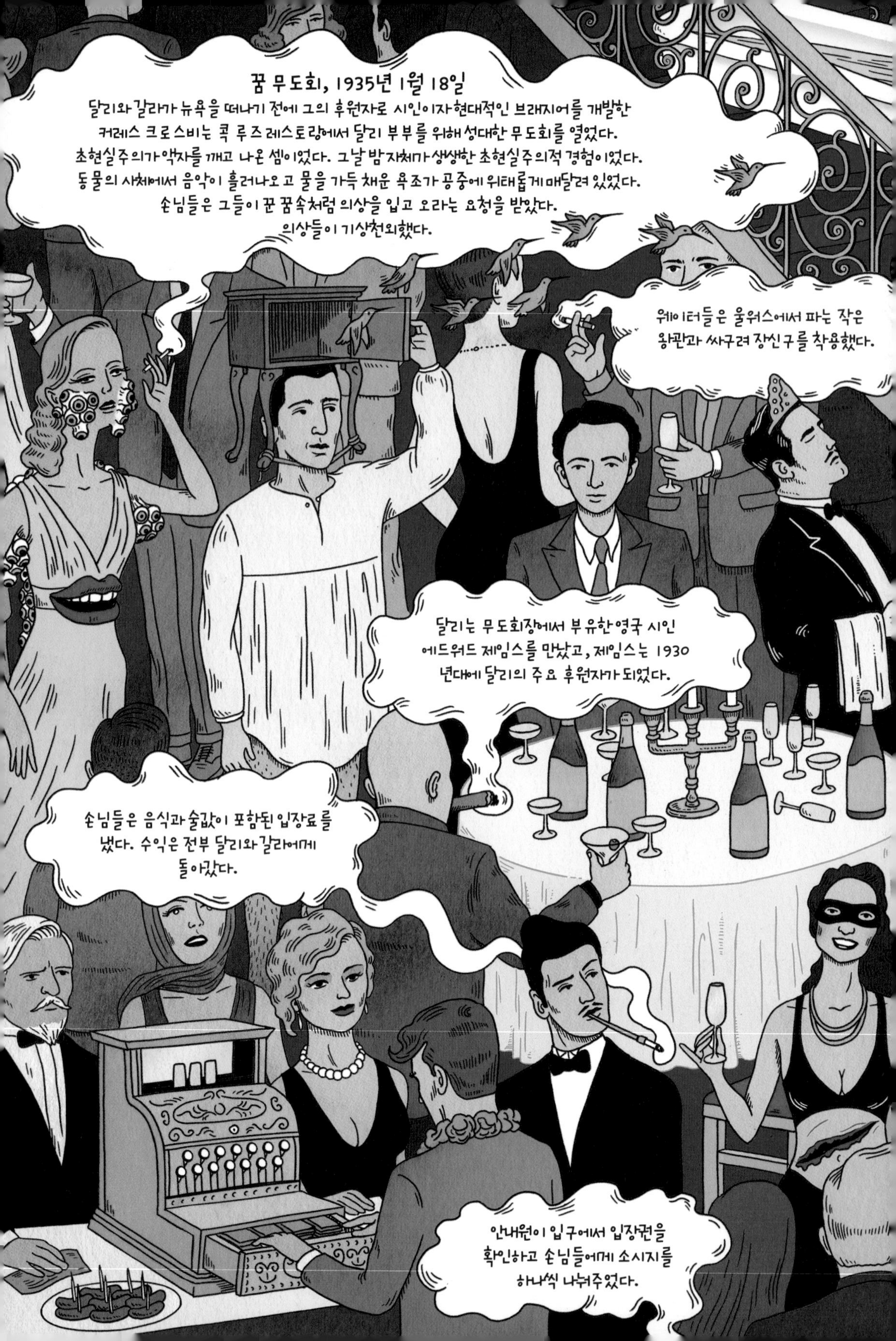
꿈 무도회, 1935년 1월 18일
달리와 갈라가 뉴욕을 떠나기 전에 그의 후원자로 시인이자 현대적인 브래지어를 개발한 커레스 크로스비는 콕 루즈 레스토랑에서 달리 부부를 위해 성대한 무도회를 열었다. 초현실주의가 액자를 깨고 나온 셈이었다. 그날 밤 자체가 생생한 초현실주의적 경험이었다. 동물의 사체에서 음악이 흘러나오고 물을 가득 채운 욕조가 공중에 위태롭게 매달려 있었다. 손님들은 그들이 꾼 꿈속처럼 의상을 입고 오라는 요청을 받았다. 의상들이 기상천외했다.
웨이터들은 울워스에서 파는 작은 왕관과 싸구려 장신구를 착용했다.
달리는 무도회장에서 부유한 영국 시인 에드워드 제임스를 만났고, 제임스는 1930년대에 달리의 주요 후원자가 되었다.
손님들은 음식과 술값이 포함된 입장료를 냈다. 수익은 전부 달리와 갈라에게 돌아갔다.
안내원이 입구에서 입장권을 확인하고 손님들에게 소시지를 하나씩 나눠주었다.

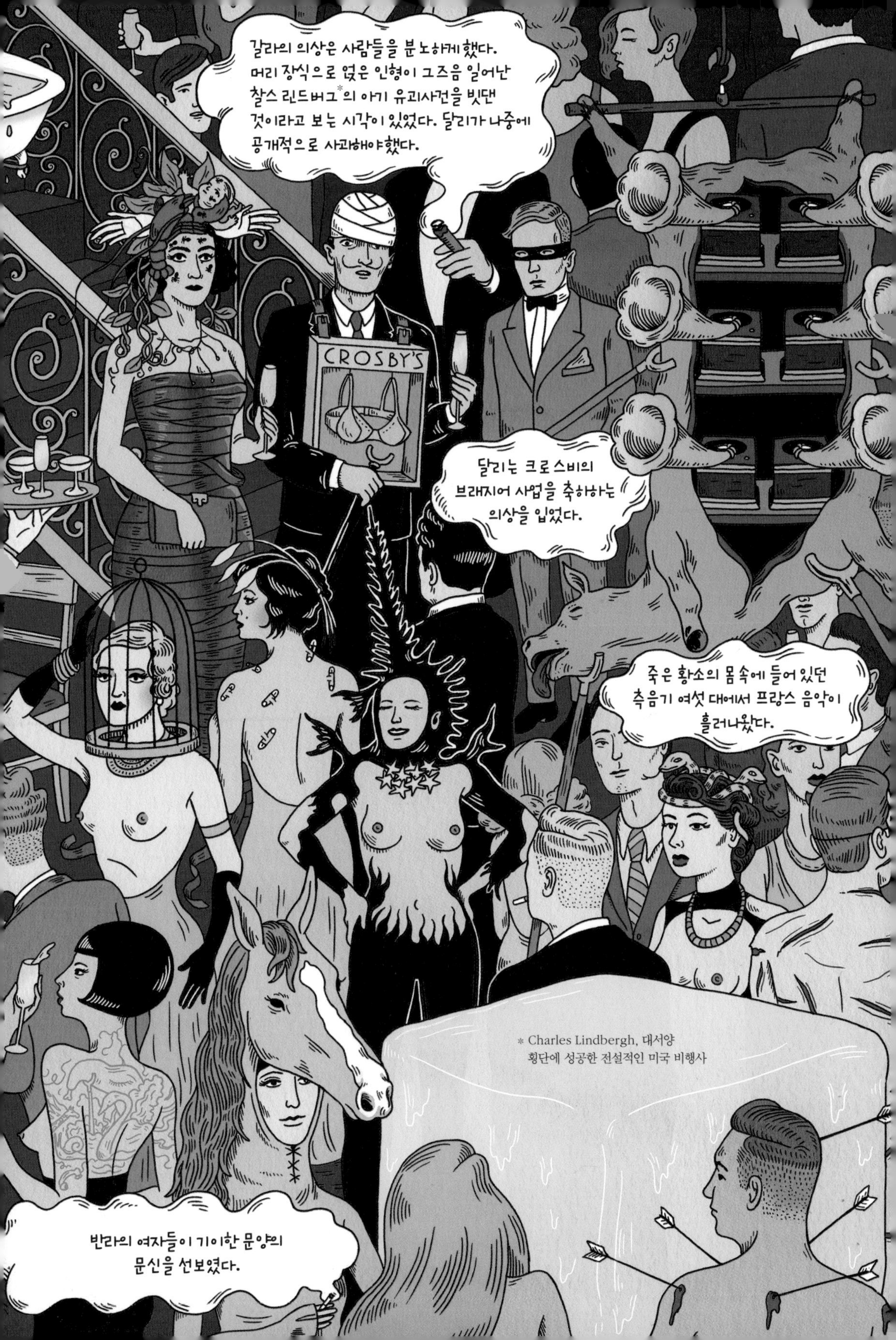

* Charles Lindbergh, 대서양 횡단에 성공한 전설적인 미국 비행사

돌아온 탕아인가, 정치적 비겁자인가?

달리는 스페인으로 돌아와 피게레스로 아버지를 만나러 갔다. 1929년 이후로는 가족을 만난 적이 없었다. 그 자리에 있던 고모의 증언에 따르면 무척 감격스러운 만남이었고 서로 기분 좋게 헤어졌다고 했다. 하지만 달리는 조만간 내전이 일어날 것을 우려해서 스페인에 오래 머물지 않았다. 그는 스페인을 떠나기 전에 〈삶은 콩으로 만든 부드러운 구조물(내전의 고통)Soft Construction with Boiled Beans(Premonition of Civil War)〉을 그렸는데, 달리의 설명을 그대로 옮기자면 스페인을 "거대한 인체가 괴기스러운 혹 모양의 팔다리로 갈라지고 제 목을 졸라 죽이는 망상에 빠져 서로를 잡아 뜯는 모습"으로 표현했다. 스페인 내전 당시 달리의 입장은 오락가락했다. 처음에는 혁명군을 옹호했다. 내전이 발발할 당시 친구이자 뮤즈인 로르카가 파시스트에 의해 살해당한 터였다. 하지만 나중에는 입장을 바꿔서 파시스트 정권을 지지했고, 그 일로 친구들과 미술계가 격분했다. 당시 스페인의 사정은 복잡해서 친구와 가족끼리 충돌했다. 중산층에 속한 달리의 아버지는 혁명군의 표적이 되었고, 온 집안이 끔찍하게 봉변을 당했다. 달리의 여동생 아나 마리아는 감옥에 끌려가 공산주의자들에게 고문당했고, 아버지의 집은 약탈당했다.

달리는 특유의 성격에 따라, 비겁하게 몸을 사리면서 상황에 맞서지 않고 회피했다. 스페인에서 피난하면서 이들 부부는 국민군과 혁명군의 깃발을 모두 챙겨가서 어느 쪽이 접근하든 적절한 깃발을 내밀었다. 달리와 갈라는 2차 세계대전이 끝난 뒤로도 스페인으로 돌아가지 않았다. 브르통은 그들의 비겁한 행동을 경멸했다. 달리는 걱정하지 않았다. 마음속에 다른 생각을 품은 터였다.

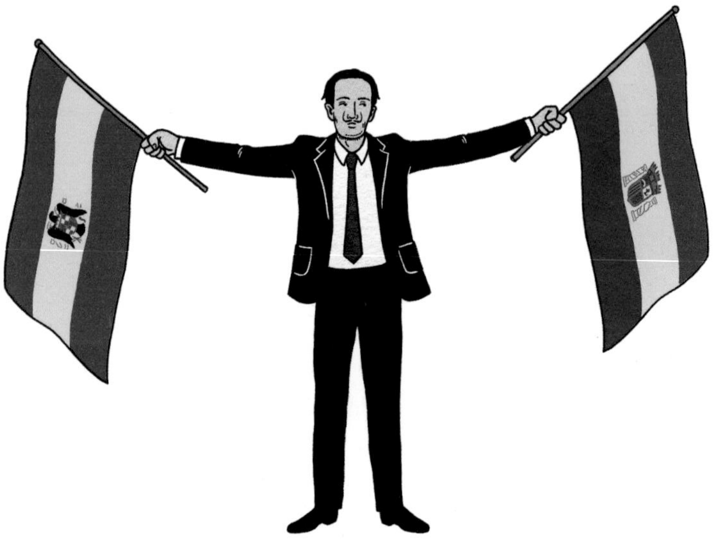

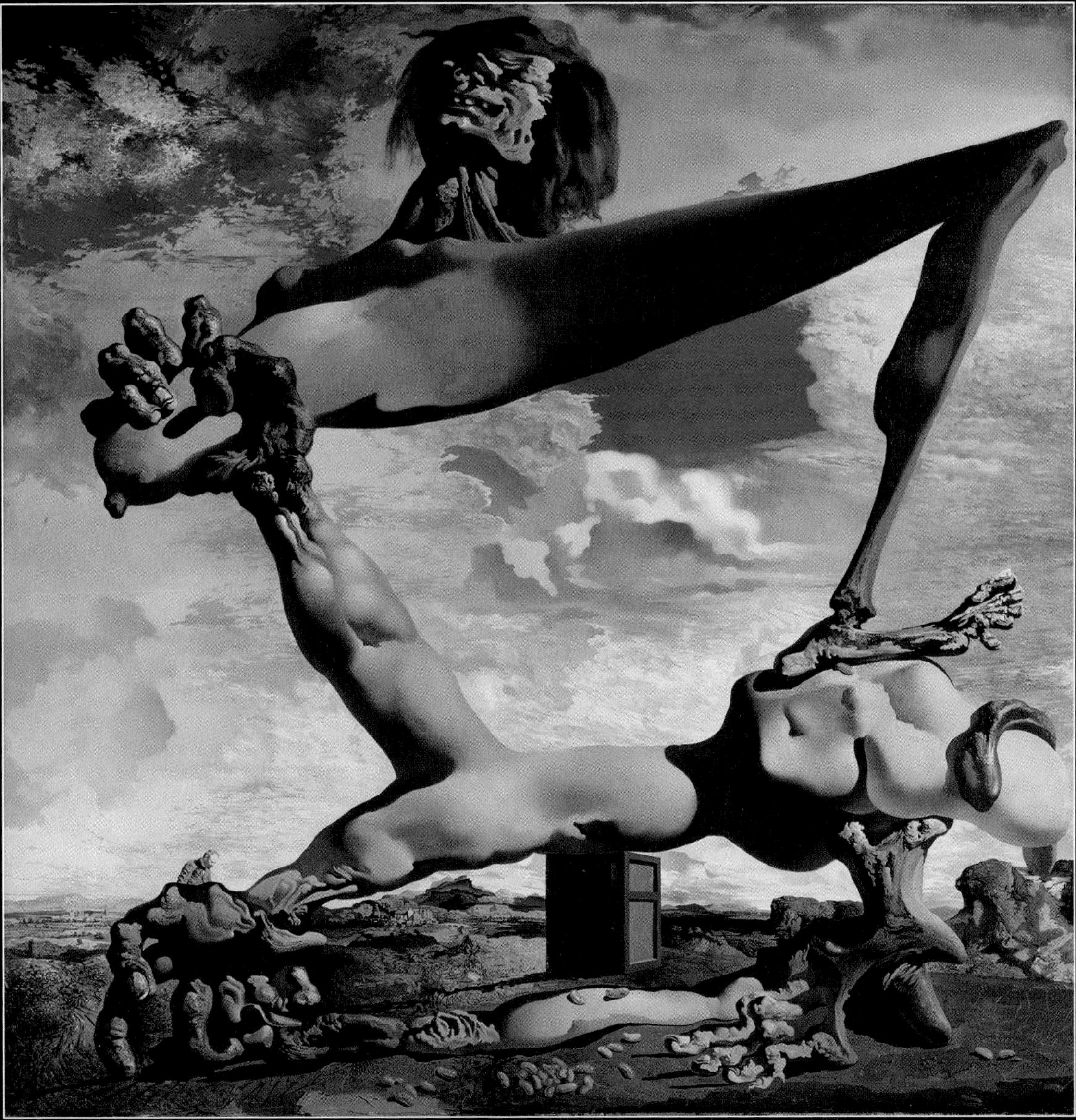

삶은 콩으로 만든 부드러운 구조물(내전의 고통)

Soft Construction with Boiled Beans(Premonition of Civil War)

살바도르 달리, 1936

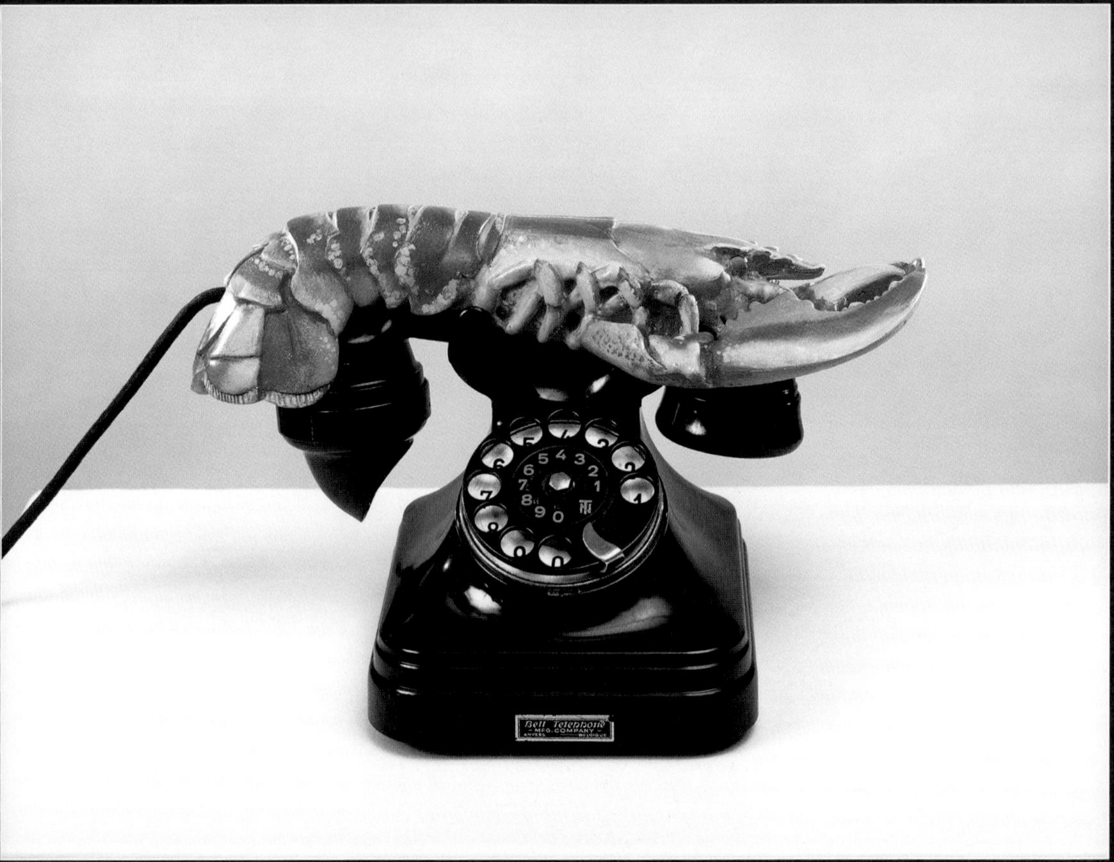

바닷가재 전화기

Lobster Telephone

살바도르 달리, 1936

초현실주의 물건

초현실주의자들은 대안적인 표현 기법을 개발하고 있었다. 브르통은 오래 전부터 초현실주의 물건의 가능성을 고민해왔다. 원래는 꿈에서 아이디어를 얻었는데, 두꺼운 검은 헝겊으로 된 책장과 나무로 만든 땅속 요정 모양의 책등이 붙은 환상적인 책을 기억에서 끄집어낸다. 그때 그는 이렇게 썼다. "나는 이런 초현실주의 물건을 널리 쓰이게 하고 싶다." 훗날 그는 관대하게도 달리를 초현실주의 물건의 대가로 인정했다.

달리는 항상 대중에게 즐거움을 선사하고 싶었고, 그의 초현실주의 물건은 장난기 넘치고 도발적이었다. 성적인 암시가 숨어 있을 때가 많았고, 실제로 달리의 계획은 '살아 움직이는, 노골적으로 관능적인 물건, 말하자면 간접적인 수단으로 특정한 성적 정서를 끌어내는 물건을 만드는' 것이었다. 그는 장난꾸러기처럼 전화기에 분홍 바닷가재를 붙였다. 〈바닷가재 전화기Lobster Telephone〉는 물건들 사이의 기묘한 관계를 암시한다. 수화기와 바닷가재는 구성요소가 같다. 둘 다 머리가 있고 몸통과 아랫도리가 있다. 물론 달리는 우리가 바닷가재의 성기에 대고 통화하는 모습을 재미있어 했다.

영국의 미술품 수집가 에드워드 제임스Edward James는 그의 호화로운 저택을 장식하려고 바닷가재 전화기를 여러 대 사들였다. 1930년대에 달리는 영국의 미술계에 진입했다. 1936년 여름에는 런던 국제초현실주의전시회에서 관람객들에게 큰 충격을 안겨주었다. 드라이버 복장으로 옆에 러시안 울프하운드를 끌고 전시장에 나타난 것이다. 그리고 다소 극적인 사건이 일어났다. 달리가 공기가 잘 안 통하는 헬멧을 벗지 못하자 젊은 시인 데이비드 개스코인David Gascoyne이 구해준 사건이다. 달리는 헬멧을 벗고 숨을 헐떡이면서 이렇게 말했다. "방금 저는 인간 정신의 '심연으로 빠져드는' 모습을 보여드리고 싶었습니다." 이튿날 그는 신문 1면을 장식했다.

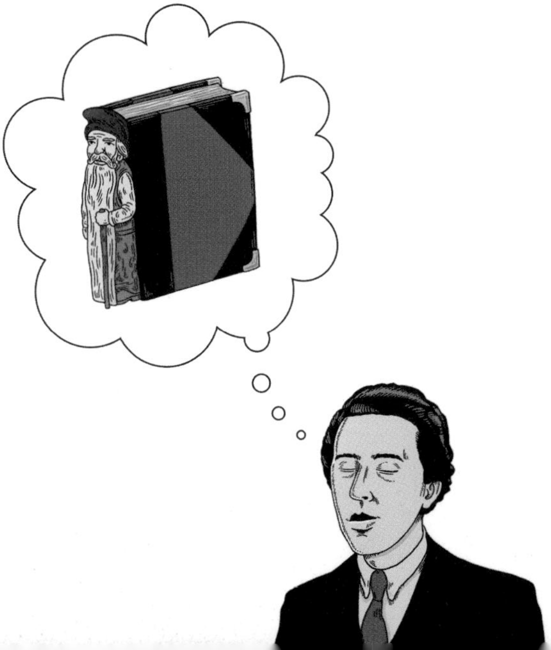

이중 형상화 기법을 정교하게 다듬는 시기

1930년대와 1940년대에 달리에게 변화가 일어났다. 미술사가 돈 애즈Dawn Ades는 이렇게 기술한다. "초현실주의 회화에서 유기체적 추상의 시대, 말하자면 '비현실적으로 선혈이 낭자한 삼투 현상, 내장이 찢어져 벌어진 구멍, 바위에 난 털, 파멸적인 이주移住라는 범접하지 못할 훼손'(을 참조한) 시대는 끝났다."

달리는 자신의 편집증적 비평 방법을 중심으로 "비이성적인 것의 정복The Conquest of the Irrational"1935이라는 논문을 발표하면서 이중 형상화 기법을 완성했다. 〈사라져가는 볼테르 흉상이 있는 노예 시장Slave Market with the Disappearing Bust of Voltaire〉1940은 아마도 달리의 가장 정교한 표현일 것이다. 이 그림에는 전혀 다른 두 가지 현실이 공존한다. 한 세계에는 반라의 갈라가 모여 있는 사람들을 구경하고 사람들 속에 17세기 의상을 입은 여자 둘이 있다. 두 번째 세계에는 두 여자와 아치형 문이 결합하면서 작가 볼테르의 흉상이 나타난다. 이중 형상화는 분명 영리한 기법이다. 그러나 달리 자신은 편집증적 비평 방법으로 인해 궁지에 몰리는 듯했다. 달리가 영구히 이중 형상을 만들어내고 싶었을까? 1940년대에는 새로운 주제를 찾았다.

달리는 한편으로 다채로워졌다. 인테리어 디자이너 장 미셸 프랑크Jean-Michel Frank를 만나고는 가구 디자인으로 옮겨가서 테두리를 도금한 레다 체어(그전에 〈장미꽃 머리의 여인Woman with Head of Roses〉이라는 그림에 처음 등장한다.)를 제작했다. 경쾌한 분위기의 이 작품에서 달리는 구성요소를 가지고 장난친다. 의자의 '팔'은 구부러진 인체의 팔이 되고, 세 개의 다리는 날렵한 하이힐을 신고 휘청거리는 것 같다. 달리는 또한 보석 디자인에도 도전했다. 가장 유명한 작품은 아마 루비 입술 모양의 브로치일 것이다. '어느 시대, 어느 지역이든 시인들은 루비 입술과 진주알 같은 치아를 노래한다.'는 사실을 반영해서 진짜 루비로 입술을 만들고 작고 둥근 진주로 치아를 만든다. 화려한 유머다.

상업 세계의 언어가 달리의 편집증적 비평 방법에도 영향을 미쳤다. 좋은 광고는 일상의 물건을 변주하여 매우 근사해 보이게 만든다. 달리는 작품에 잠재적인 성적 요소를 채웠고, 이것은 특히 광고에서 자주 활용하는 기법이다. 사실 달리는 기업들이 그의 독창적인 생각을 훔쳐가고 있다고 의심하기 시작했다. "… 수많은 상점의 쇼윈도 디스플레이는 … 눈에 띄게 초현실주의의 영향을 받았고 … 특히 나 개인의 영향을 받았다. 하지만 내 영향이 언제나 비극으로 흘러가는 이유는 일단 시작되어 내 손을 떠나면, 더 이상 나는 그것을 세속적으로 이용하거나 심지어 수익을 얻지도 못하기 때문이다."

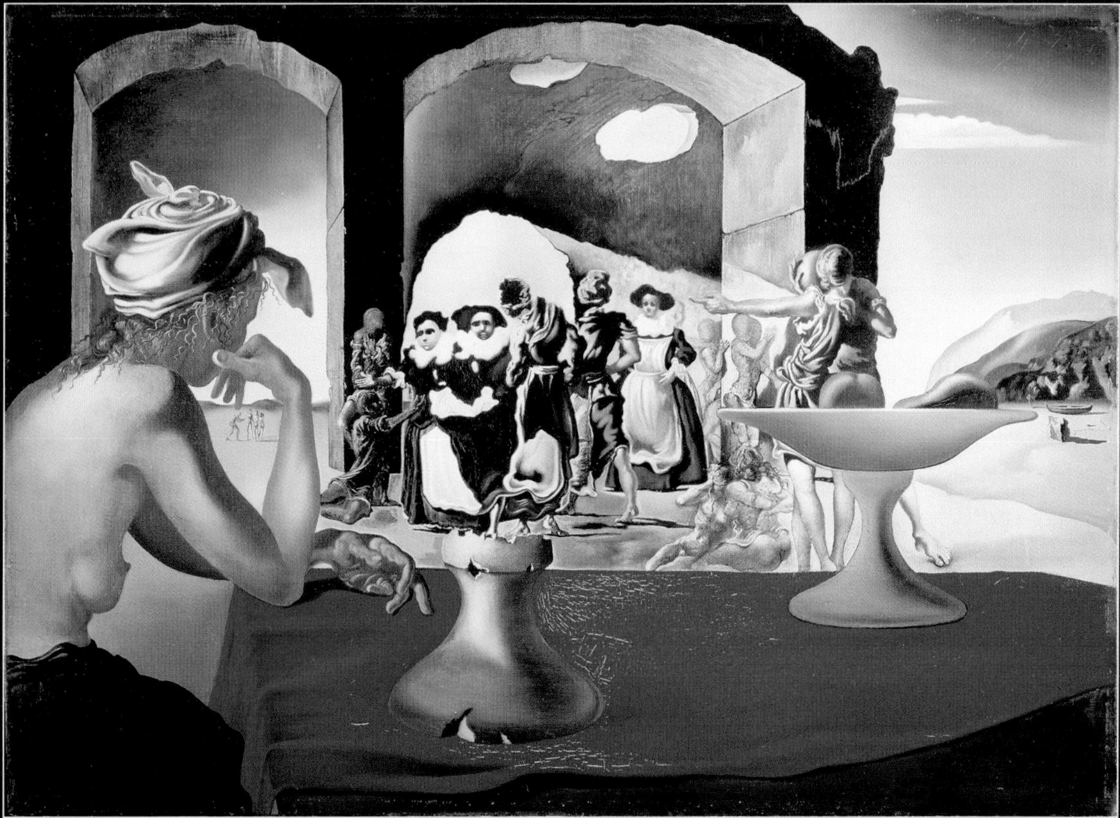

본윗 텔러 백화점

미국에서 달리의 명성은 나날이 커져갔다. 1939년에 달리는 본윗 텔러 백화점의 쇼윈도를 꾸며달라는 의뢰를 받았는데, 〈타임〉지 기사에 따르면 이 백화점은 '맨해튼에서 가장 정신 나간 쇼윈도 디스플레이로 악명 높은' 곳이었다. 이 백화점은 초현실주의계의 슈퍼스타에게 의뢰하면서 예술에 관한 한 전 권을 넘겨주기로 약속했다. 하지만 약속은 지켜지지 않았고, 어린 왕은 요란하게 성깔을 부리며 신문 1면을 장식했다.

달리는 '낮과 밤'이라는 다소 진부한 주제를 들고 나왔다. 그러나 죽음을 암시하는 디자인은 도발적이었다. 지저분하고 부패한 것 같은 마네킹이 손톱을 초록색으로 칠하고 빨강머리가 엉겨 붙은 채 물을 채운 욕조 옆에 서 있었고 물속에서 마네킹 팔 세 개가 나왔다. 밀랍 마네킹들은 몹시 불길했다. 몸통은 세월의 흔적으로 누렇게 변색됐고, 머리카락은 진짜 시체의 머리카락이었다. 박제한 동물 때문에 쇼윈도가 어수선했는데, 욕조 가장자리에는 검은색 페르시아 새끼양의 털을 붙여놓았다. 악몽 같은 침대는 네 개의 버펄로 다리를 딛고 서 있고 버펄로 머리가 피 흘리는 비둘기를 입에 문 채 굽어보았다.

오전 9시 30분에 백화점이 문을 열자 사람들의 불만이 쇄도했다. 백화점 측은 달리의 섬뜩한 마네킹 대신 자기네 모델에게 현대적인 드레스를 입혀서 세워놓기로 했다. 달리는 광분했다. "그래서 나는 쇼윈도를 다시 배치하려고 뛰어 들어갔다. 유리창에 적힌 내 이름을 더럽히고 싶지 않아서였다. 내가 욕조를 밀자 욕조가 유리창을 뚫고 나갔는데 그때만큼 놀란 적도 없었다. 그 뒤로 나는 큰 혼란에 빠졌다." 달리는 체포되어 감옥에 들어갔는데, '존경스러울 정도로 낙천적인, 자기네끼리 싸우고 토하는 술꾼과 직업적인 부랑자'라는 죄목이었다. 달리는 자기는 '예술 작업을 의뢰받았고' 자신의 이름이 '흔해 빠진 쇼윈도 장식'에 얽히기를 원하지 않았다는 내용으로 변론했다. 루이스 브로드스키 판사는 그를 용서하면서 이렇게 말했다. "이런 사건은 괴팍한 예술가가 누릴 법한 특권이다."

이 사건은 달리와 고급 패션 백화점인 본윗 텔러에도 엄청난 홍보 효과를 가져왔다. 달리는 명목상 초현실주의의 권위자가 되었고, 작가 헨리 밀러Henry Miller는 이렇게 기술한다. "초현실주의는, 누구에게 물어도 즉각 살바도르 달리라는 답이 나온다." 한창 본윗 텔러 소동이 일어난 동안에 달리는 그해 뉴욕에서 열린 세계박람회의 놀이공원에 '비너스의 꿈'이라는 파빌리온*을 설계해달라는 요청을 받았다.

* 박람회에서 전시관으로 설계한 특설 가건물

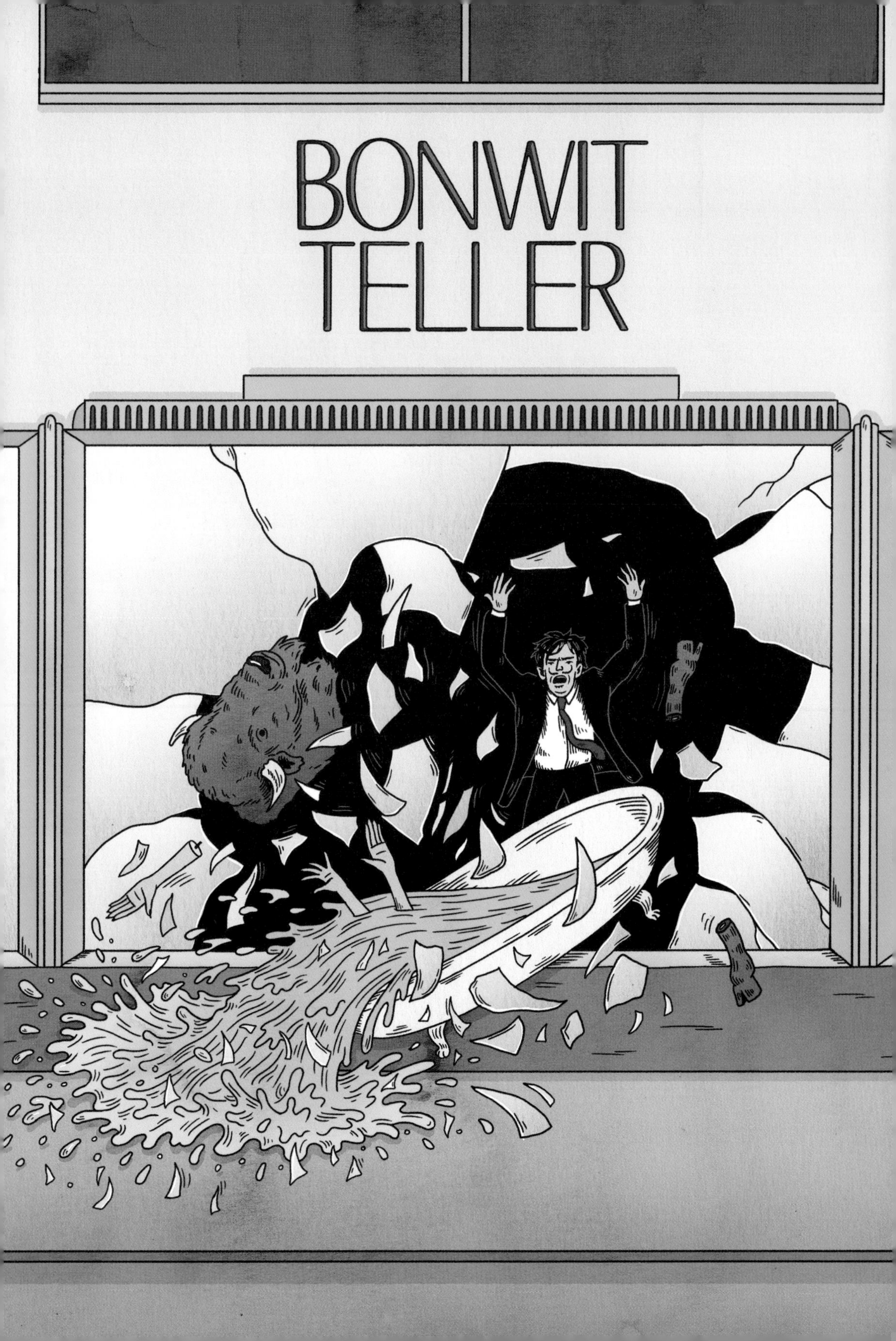
BONWIT
TELLER

'비너스의 꿈', 1939-40

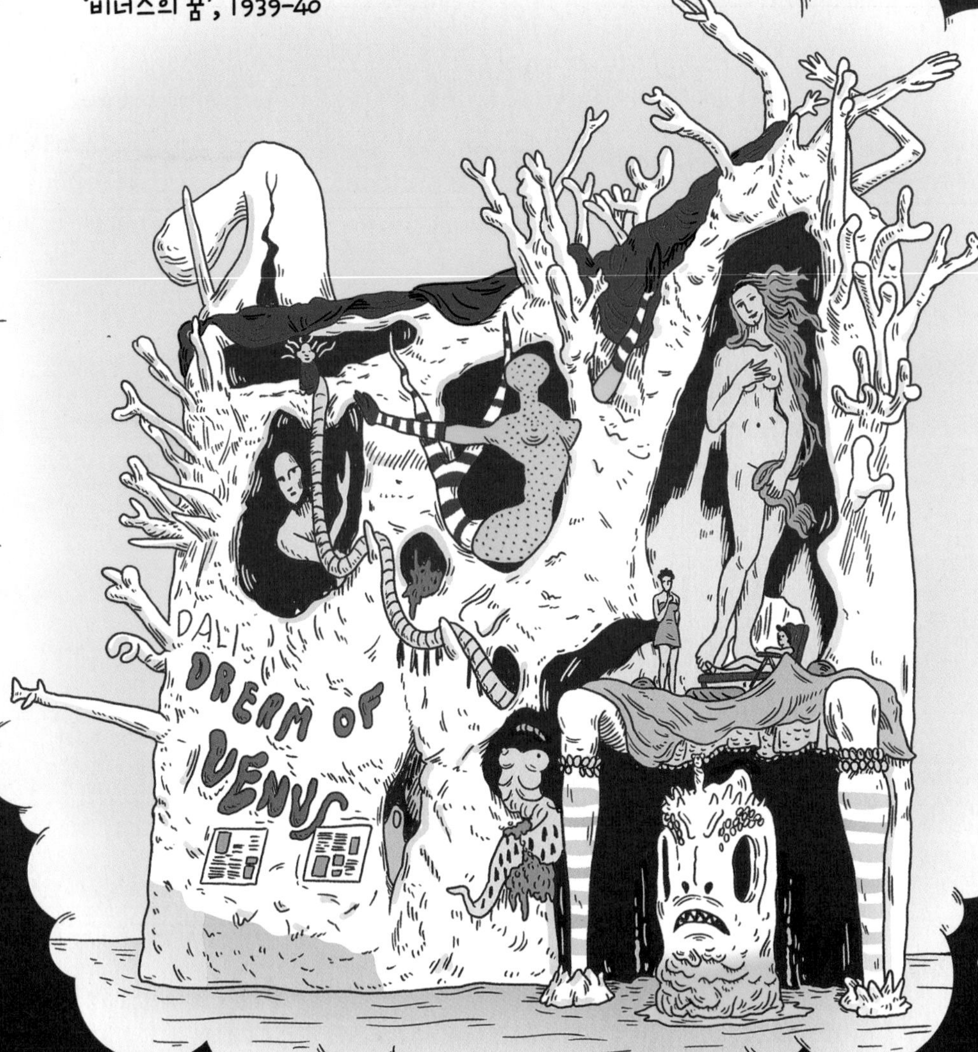

유럽에 2차 세계대전의 전운이 감돌 무렵, 뉴욕에서 열린 세계박람회에는 현대 세계에 대한 이상주의적인 계획들이 쏟아져 나왔다. 달리는 초현실주의적인 파빌리온에서 '비너스의 꿈'을 선보였다. 달리 특유의 편집증적 비평 방법이 변형되는 환상으로 표현되었다. 가령 콘크리트로 만든 성이 살아서 변태하는 짐승처럼 보이고 기둥이 사람의 다리가 되었고, 또 머리카락과 팔과 식물의 형상이 곳곳에서 자랐다. 오락적인 요소가 디즈니와 거의 같았다. 흡사 인어공주의 모험 속으로 빨려들어가는 느낌이었다. 줄줄 흘러내리는 콘크리트에 조가비를 붙인 거대한 모래성이 나오고, 회반죽으로 만든 두 다리 사이로 미끄러져 내려가서 물고기 머리를 피해 안으로 들어가면 바다 밑 환상이 펼쳐지는데…

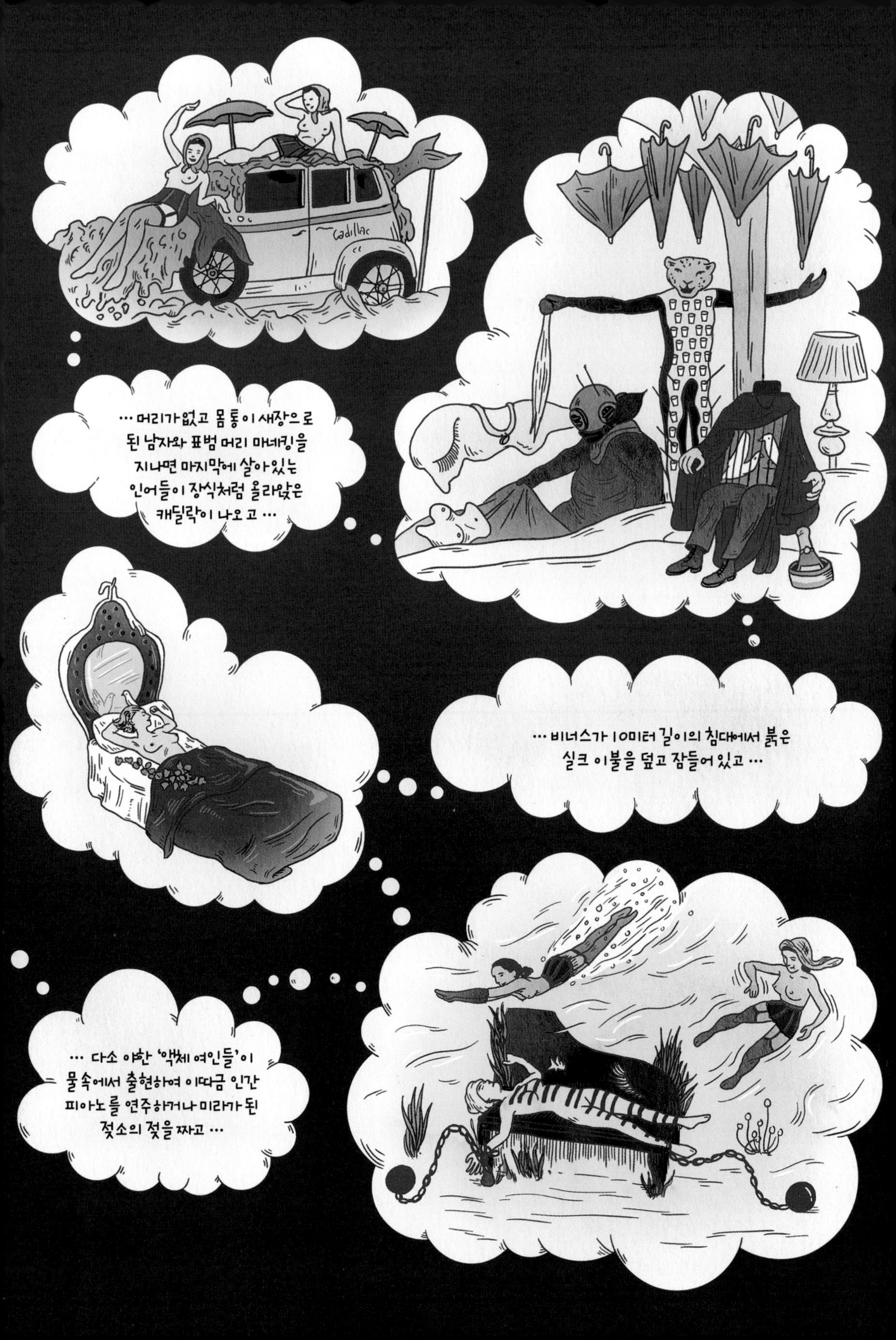
Cadillac
… 머리가 없고 몸통이 새장으로 된 남자와 표범 머리 마네킹을 지나면 마지막에 살아있는 인어들이 장식처럼 올라앉은 캐딜락이 나오고 …
… 비너스가 10미터 길이의 침대에서 붉은 실크 이불을 덮고 잠들어 있고 …
… 다소 야한 '액체 여인들'이 물속에서 출현하여 이따금 인간 피아노를 연주하거나 미라가 된 젖소의 젖을 짜고 …

미국

달리가 사회 문제와 정치적 사안에 관여하지 않자 다른 초현실주의자들은 분개했다. 유럽이 격동에 휘말리고 스페인은 내전으로 파탄이 나고 군부 독재자들이 독일과 이탈리아를 지배하던 시대였다. 1939년에는 또 하나의 세계대전이 임박해 있었다. 그런데 달리는 어땠을까? 계속 도망치기만 했다. 그해 9월 1일에 히틀러가 폴란드를 침공했고, 달리는 서둘러 프랑스 남서부로 도망쳤다. 그는 자기 마음대로 이렇게 회고한다. "나는 나의 겨울 작업을 계획하면서 나치 침공의 가능성과 미식가적인 가능성을 연결해보려 했고 … 마침내 나는 … 프랑스 요리의 신경통 지점을 정확히 짚어냈다. 바로 보르도였다. 그럴 리가 없지만 만에 하나 독일이 승리하는 경우 보르도는 독일군이 진격해 들어올 마지막 지역 중 하나이며 … 뿐만 아니라 보르도는 당연히 보르도 와인, 토끼고기 스튜, 포도를 곁들인 거위간 요리, 오렌지를 곁들인 거위 요리, 아흐카숑*의 굴 … 아흐카숑. 내가 갈 곳은 바로 여기다."

* 보르도에서 가까운 해안가 마을

초현실주의자들은 달리의 비겁함과 타협을 볼 수도 있었지만, 달리는 흉악한 독재자 아돌프 히틀러에게서 주제와 드라마를 발견하면서 선을 넘고 말았다. 〈불가사의한 히틀러The Enigma of Hitler〉라는 작품에서 히틀러를 호의적으로 표현하면서 일종의 신비로운 존재로 그린 것이다. 1940년에는 미국으로 건너가서 2차 세계대전이 끝날 때까지 돌아오지 않았다. 미국에서는 편하게 지낸 듯했다. 〈미국의 시-우주의 선수들 Poetry of America-The Cosmic Athletes〉1943에는 미국의 풍경과 그의 사랑하는 조국 스페인의 풍경이 결합된다. 피쇼 집안 영지의 탑과 카다케스의 바닷가 풍경이 미국의 사막 위에 펼쳐진다. 미국을 상징하는 제품을 기념하면서 코카콜라 병을 그림의 전경에 배치한다. 팝아트를 예고하는 앞서가는 표현으로, 앤디 워홀Andy Warhol은 미국 최고의 브랜드를 지지하며 이렇게 말했다.

"미국의 위대함은 가장 부유한 소비자가 가장 가난한 소비자와 사실상 똑같은 물건을 구입하는 전통이 시작됐다는 점이다. 우리는 텔레비전을 보면서 코카콜라를 볼 수 있다. 대통령도 콜라를 마시고 엘리자베스 테일러도 콜라를 마시고 우리도 콜라를 마실 수 있다는 걸 알 수 있다. 콜라는 콜라일 뿐, 돈이 아무리 많아도 길모퉁이 부랑자가 마시는 콜라보다 나은 콜라를 구할 수는 없다. 콜라는 다 똑같고 콜라는 다 좋다. 엘리자베스 테일러도 그걸 알고, 대통령도 알고, 부랑자도 알고, 우리도 안다."

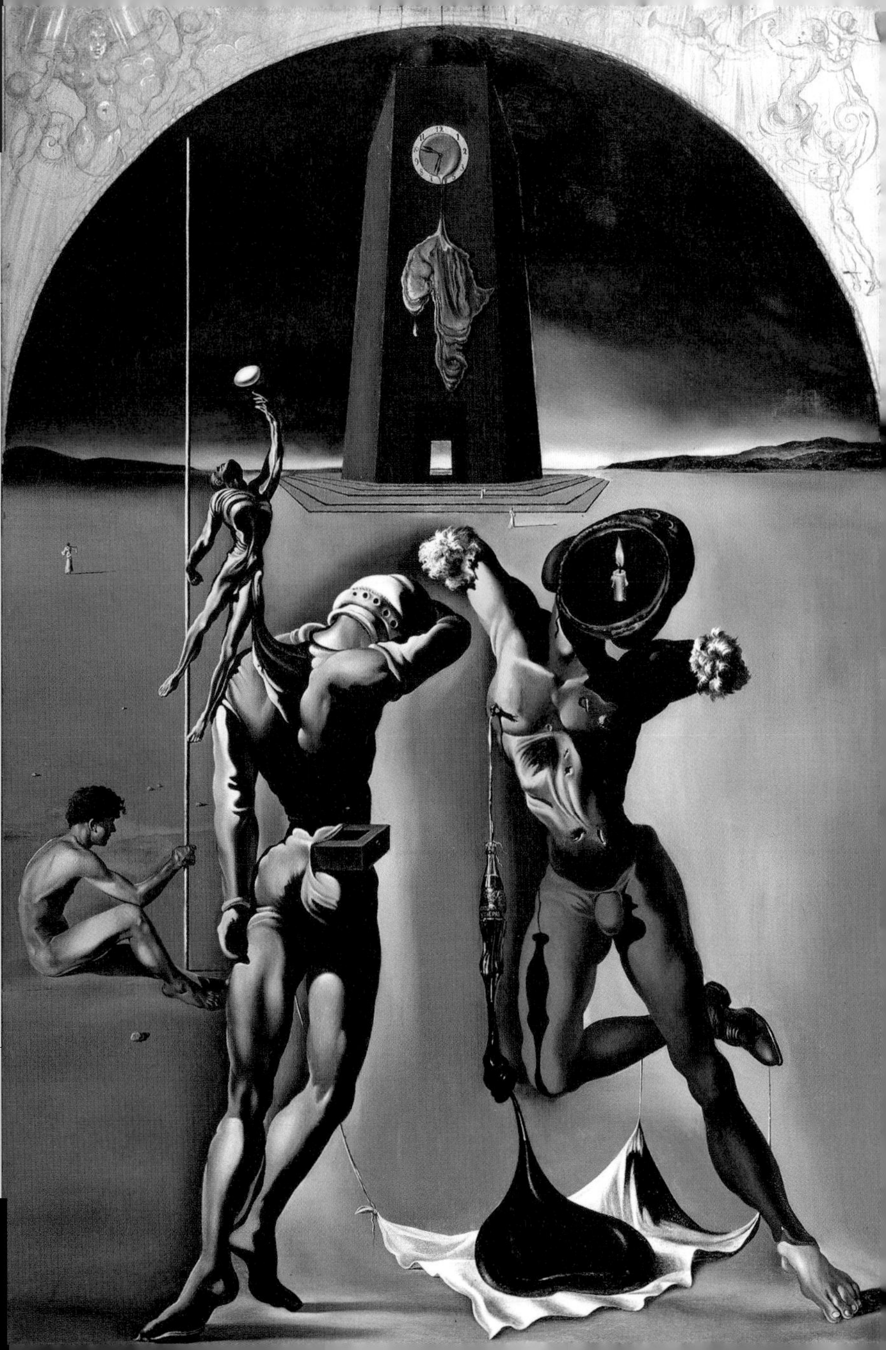

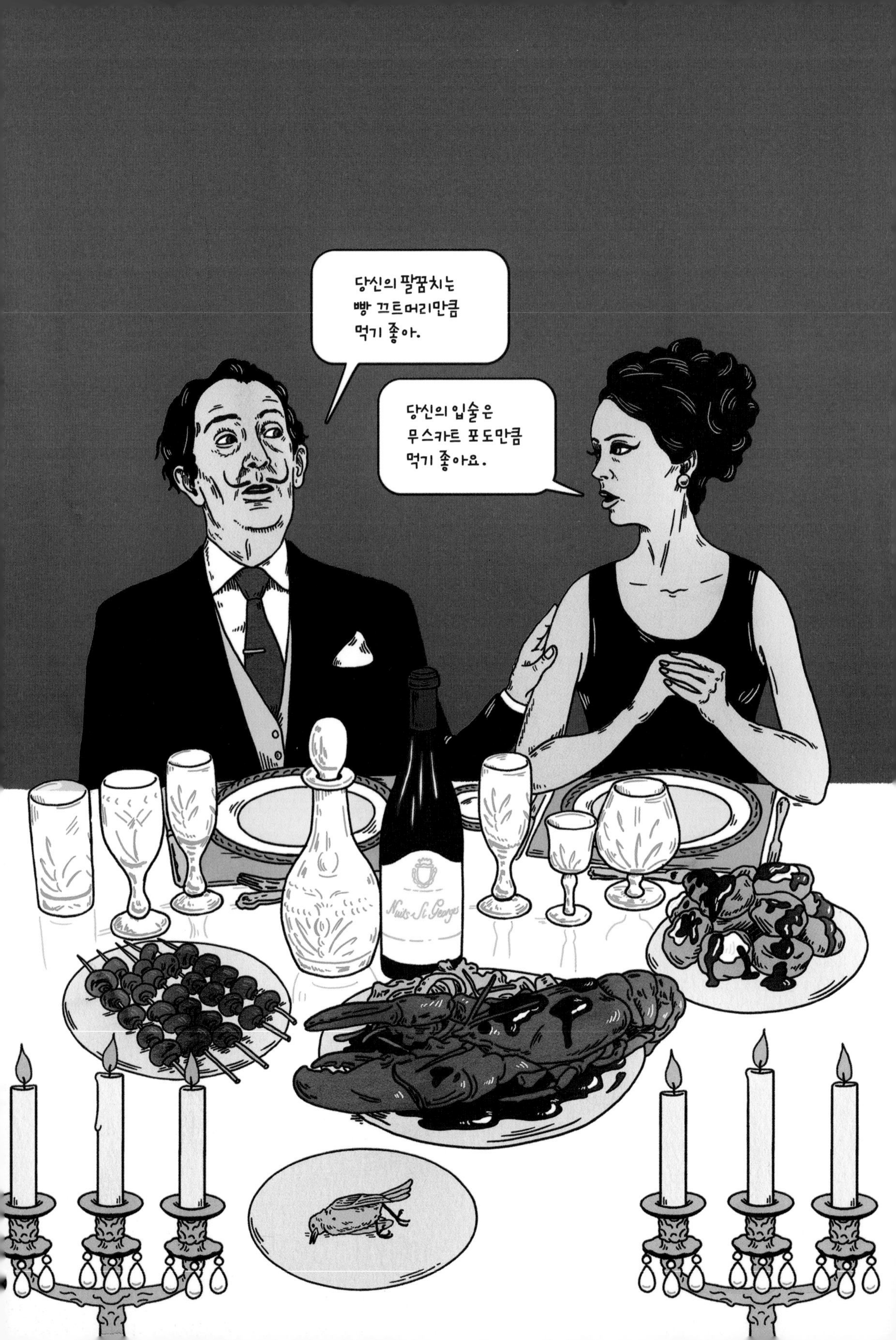
당신의 팔꿈치는
빵 끄트머리만큼
먹기 좋아.
당신의 입술은
무스카트 포도만큼
먹기 좋아요.
Nuits-St Georges

초현실적인 비즈니스

* '달러를 탐하다'라는 뜻의 프랑스어 동음이의어

** 나중에 울트라 바이올렛으로 개명하고 앤디 워홀의 팩토리에 합류

미국에서 달리는 하나의 상업적인 현상이 되었다. 그는 패션 디자이너 엘자 스키아파렐리Elsa Schiaparelli와 함께 사업을 시작해서 기상천외한 옷을 선보였다. 가령 잉크통 모자, 구두 모자, 서랍장 프린트의 드레스를 제작했다. 〈보그Vogue〉지의 표지를 디자인하고 스페인의 막대사탕 회사인 추파춥스Chupa Chups 로고를 만들었다. 그리고 로고가 잘 보이도록 사탕 위에 로고를 넣는 기발한 아이디어를 냈다. 달리만의 분위기를 돈벌이가 되는 상품으로 마구잡이로 팔기 시작하면서 소화제와 초콜릿 광고에도 나왔다. 초현실주의자들은 돈에 집착하는 달리의 태도를 못마땅하게 여겼다. 브르통은 달리의 이름에서 아주 기발하게 철자를 바꿔서 아비다 달러Avida Dollars*라고 불렀다.

초현실적인 즐거움

달리는 뉴욕에서도 계속 그림을 그렸지만 글을 쓰는 데도 많은 시간을 들였다. 사실보다 허구가 많은 자서전인 〈나는 세계의 배꼽이다〉1942를 출간하고, 〈히든 페이스 Hidden Faces〉1944라는 소설을 썼다. 소설은 초현실주의 이미지가 풍부한 작품이다. 주인공인 그랑드살레 백작이 저녁식사 자리에 앉아서 은식기에 비친 손님들을 응시하는 장면에서는 달리의 걸작인 거울 붙인 손톱이 연상된다.

달리는 평소에도 초현실주의적으로 살면서 초현실주의를 발전시키고 있다고 여겼다. 삶의 모든 단면에 부조리가 개입해서 옷차림과 식습관, 심지어 인간관계에도 영향을 미쳤다. 달리는 하르포 마르크스Harpo Marx라는 코미디언의 슬랩스틱 코미디를 높이 평가하던 차에, 1937년 무렵 하르포와 친구가 되었다. 서로 호적수를 만난 셈이었다. 어느 해 크리스마스에 달리는 하르포에게 가시철사로 현을 매단 하프를 선물로 보냈고, 하르포는 재치 있는 답례로 손가락에 붕대를 감고 하프를 연주하는 사진을 보냈다.

달리에게 저녁식사는 연극적인 이벤트였다. 그는 입맛이 독특했는데, 그가 좋아하는 음식은 초콜릿 소스를 곁들인 바닷가재였다. 또 작은 새를 좋아해서 내장과 깃털이 붙은 그대로 통째로 먹었다. 그의 뮤즈 중 하나인 이자벨레 두프레스네Isabelle Dufresne**는 달리와 함께 한 기묘한 밤을 전하면서 '혀로 건드리기', 터무니없는 대화, 풍성한 식사가 있었다고 말한다.

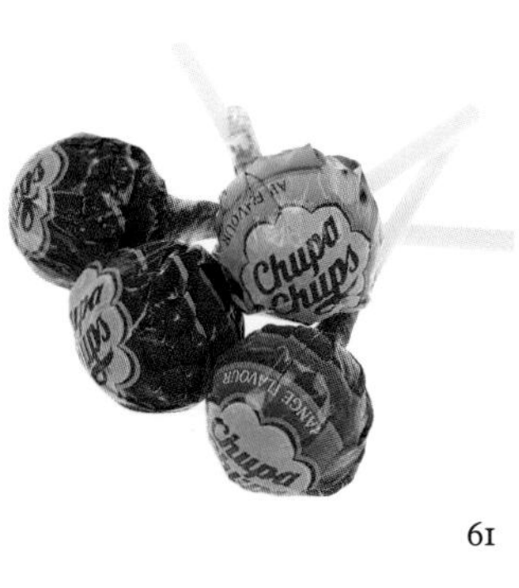

추파춥스 사탕은 지금도
달리의 디자인을 반영한다.

달리와 할리우드

달리는 할리우드에 매료당해서 꼭 할리우드에서 일하고 싶어 했다. 1944년에 알프레드 히치콕Alfred Hitchcock은 달리에게 새 작품인 〈스펠바운드Spellbound〉에 나오는 꿈 장면의 배경미술을 맡아달라고 부탁했다. 이 영화에서는 정신분석 이론을 살인/미스터리 장르에 도입해서 억압된 정서가 신경증을 유발할 수 있다는 개념에 주목했다. '달리'라는 이름을 내걸면 돈 들이지 않고도 언론에 소개되기 때문에 달리의 이름은 소중한 자산이었다. 아닌 게 아니라 히치콕의 스튜디오에서는 달리가 그 전 해에 〈라이프Life〉지에 여섯 번이나 실린 사실을 잘 알았다. 물론 단지 상업적인 이유로만 달리를 선택한 것은 아니었다. 히치콕은 달리의 선명한 꿈 풍경을 좋아했다. 그는 '영화 속 꿈은 흐릿하다'는 영화적 상투성을 싫어해서 달리가 명징한 장면을 만들어줄 것으로 기대했다. 그들은 초현실적으로 보이는 꿈 장면을 계획했다. 달리는 이전에 몇 차례 공동 작업을 진행할 때와 마찬가지로 뭔가 타협하는 기분이었고, 공들여 만든 몇 장면이 잘려나갔다. 하지만 마지막 장면은 누가 봐도 달리풍이었다. 불길한 그림자가 드리우면서 시선이 떨어지고 수많은 눈알이 떨어진다. 거대한 가위가 눈 그림을 자르는 장면이 나오는데, 분명 〈안달루시아의 개〉의 무시무시한 장면을 참조한 것이다.

스페인으로 돌아오다

2차 세계대전이 끝나고 달리는 조국 스페인으로 돌아갔다. 그는 프랑코Franco에게 전보를 보내서 '파괴적인 세력'을 스페인에서 몰아낸 일을 축하했다. 왜 이렇게 행동했을까? 단지 철저한 기회주의자라서 그랬을까? 대재앙을 불러온 처사였다. 미술계는 달리에게 넌더리를 냈고, 포르트 리가트의 사람들도 등을 돌렸다. 달리는 하는 수 없이 잠시 마을을 떠나야 했다. 달리의 뮤즈인 카를로스 로사노Carlos Lozano는 그 장면을 이렇게 설명한다. "포르트 리가트 일대의 하얀 담벼락에 살해 협박 낙서가 적혀 있고, 바르셀로나에 있던 달리의 단골 레스토랑인 비아 베네토에서는 그가 즐겨 앉던 의자가 폭파당했다. 조지 해리슨이 정원 담장 위로 불쑥 나타났을 때도 처음에는 암살범인 줄 알았다."

달리의 무신경한 태도는 끝이 없었다. 그는 부친의 집으로 이사하면서 갈라에게 캐딜락을 집 밖에 세워두라고 지시했다. 자동차를 소유한 집이 거의 없는 마을에서 노골적으로 우월감을 드러내는 행동이었다. 어쩌면 아버지에게 반항하는 행동이었을지도 모르지만 아버지는 집에 돌아온 아들을 반갑게 맞았다. 아버지 살바도르 달리 쿠시는 갈라에게도 따뜻하게 대해주고 그녀의 검정 캐딜락을 타는 걸 좋아했다. 그는 1950년 9월에 전립선암으로 세상을 떠났다. 달리는 부친의 장례식에 참석하지 않았다. 그날 트라몬타나 바람이 세차게 불어왔다고 전해진다.

고향 사람들은 달리를 너그러이 받아주지 않았다. 그들이 오랜 세월 프랑코 독재의 폭압 아래 숨죽여온 시절에 달리는 뉴욕에서 파티를 즐기며 살아온 터였다. 1950년대에 달리가 프랑코를 만난다는 소식이 전해지자 사람들은 프랑코를 만나서 그 지방의 처참한 빈곤상을 전해달라고 간청했지만 아첨꾼 달리는 프랑코에게 그의 고향에는 다들 잘 살고 있다고 말했다. 사실 달리는 기자회견에서 계속 프랑코에 관해 알려왔고, 심지어 프랑코 딸의 초상화까지 그려주었다.

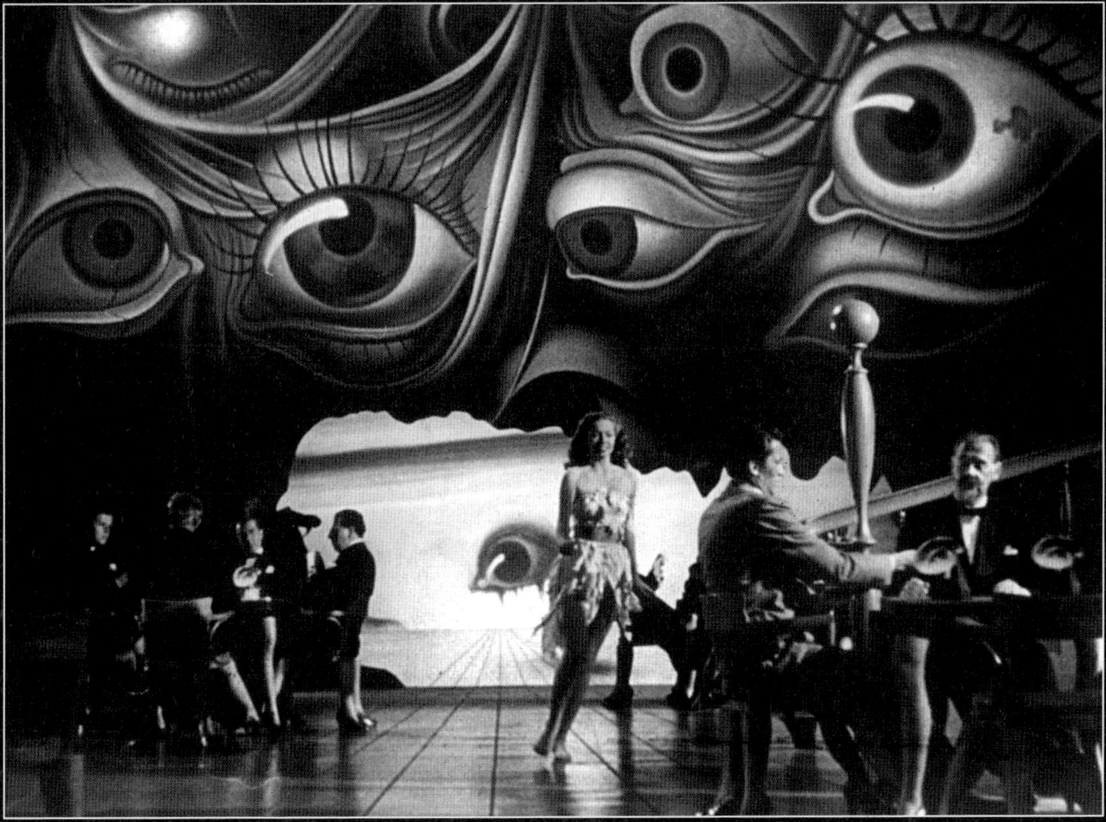

달리와 유명인의 세계

전쟁이 끝나고 달리와 갈라는 평상시의 삶을 되찾았다. 봄과 여름, 가을에는 포르트 리가트에서 보내고, 겨울에는 파리와 뉴욕에서 지냈다. 뉴욕에서는 호텔 레지나의 스위트룸에서 그의 추종자들을 만났고, 파리에서는 뫼리스 호텔에서 5시에서 8시까지 '기적의 왕궁'을 열었다. 달리는 하나의 문화 현상이 되었다. 세계적으로 선풍적인 인기를 끌던 비틀즈도 직접 달리를 찾아왔다. 조지 해리스가 포르트 리가트에 있는 달리의 집 담장을 뛰어넘어 달리에게 콧수염을 달라고 간청했다. 그의 유명한 콧수염을 판 이야기도 많았다. 한번은 갈라가 콧수염 한 올을 뽑아 30만 달러를 요구했다는 이야기도 있다. 돈 많고 유명한 사람들은 달리의 보증을 원했다. 그러면 달리는 어땠을까? 그 역시 스타에게 집착했다. 팩토리*에서 앤디 워홀을 만났고, 프랜시스 크릭Francis Crick, 제임스 왓슨James Watson이 DNA 구조를 발견하고 얼마 후 그들과 저녁을 먹었다. 그러나 달리는 늘 모두가 숭배해주기를 바라면서 "나는 달리다. 달리. 그대들은 내게 선물을 가져와야 한다. 나는 선물을 아주 좋아한다."라고 요구하지만, 훌륭한 위인들이 항상 달리를 그렇게 여기는 건 아니라는 데 문제가 있었다. 프로이트는 달리를 미치광이로 보았고, 크릭과 왓슨은 그의 활기 넘치는(어쩌면 천치 같은) 행동을 감당하지 못했다.

* 앤디 워홀의 스튜디오

달리는 유명인의 세계에 발을 들여놓았지만 말년에는 자기를 흠모하는 무리에 둘러싸이는 쪽을 선호했다. 어린 왕은 사회 부적응자들에게 왕 노릇을 했고, 친구 카를로스 로사노는 이렇게 전한다. "달리는 천재이지만 천재가 매 순간 천재일 수는 없고, 궁궐은 그의 배경을 화려하게 장식하기 위해 존재했다."

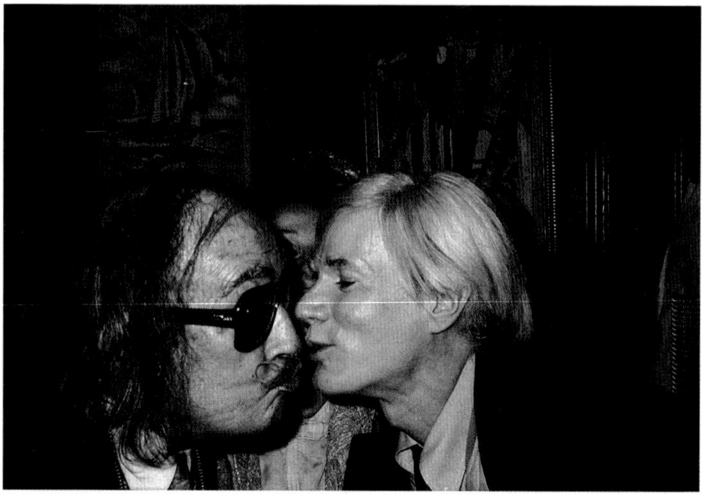

앤디 워홀과 같이 있는 달리
로랑 레스토랑,
뉴욕, 1978

크리스토퍼 마코스 사진
www.makostudio.com

여왕의 성

달리와 갈라는 개방 결혼을 유지했다. 갈라는 '끊임없이 폭발하면서' 살겠다고 주문처럼 말했다. 1963년에 예순아홉이던 갈라는 윌리엄 로틀랭William Rotlein이라는 젊고 집 없는 마약중독자와 어울렸다. 그를 '구제'하려고 시도했지만 이내 따분해진 것으로 보인다. 갈라와 달리는 갈수록 각자의 방식대로 살았다. 1969년에 달리는 갈라에게 푸볼 성을 사주었다. 이곳은 포르트 리가트의 번잡한 사교생활에서 벗어나기 위한 은신처이자 갈라가 애인들을 만나기 위한 밀회 장소가 되었다. 달리는 갈라에게 서면으로 초대장을 받아야만 성에 방문할 수 있었다. 그리고 매번 선물을 들고 갔다. 1973년에 갈라는 뮤지컬 〈지저스 크라이스트 슈퍼스타Jesus Christ Superstar〉의 주연인 제프 펜홀트Jeff Fenholt와 관계를 시작했다. 갈라는 연인에게 푹 빠져서(누군가는 노망이 나서라고 한다.) 백만 달러짜리 집을 사주고 선물을 잔뜩 안겨주고 돈도 달라는 대로 퍼주었다.

달리의 연애는 좀 더 비밀스러웠다. 달리는 잘 나가는 모델이자 나중에 팝스타가 된 아만다 리어와 오래 만났는데, 아만다의 본래 성별에 관해 소문이 무성했다. 아만다에 따르면 두 사람은 영혼으로 맺어진 사이라고 했다. 한동안 아만다는 포르트 리가트의 왕자비였다.

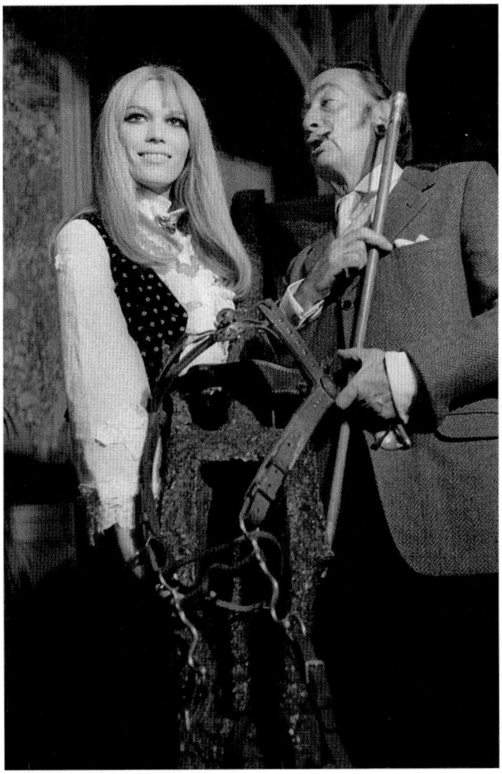

달리, 아만다 리어와 함께
1966년경, 프랑스

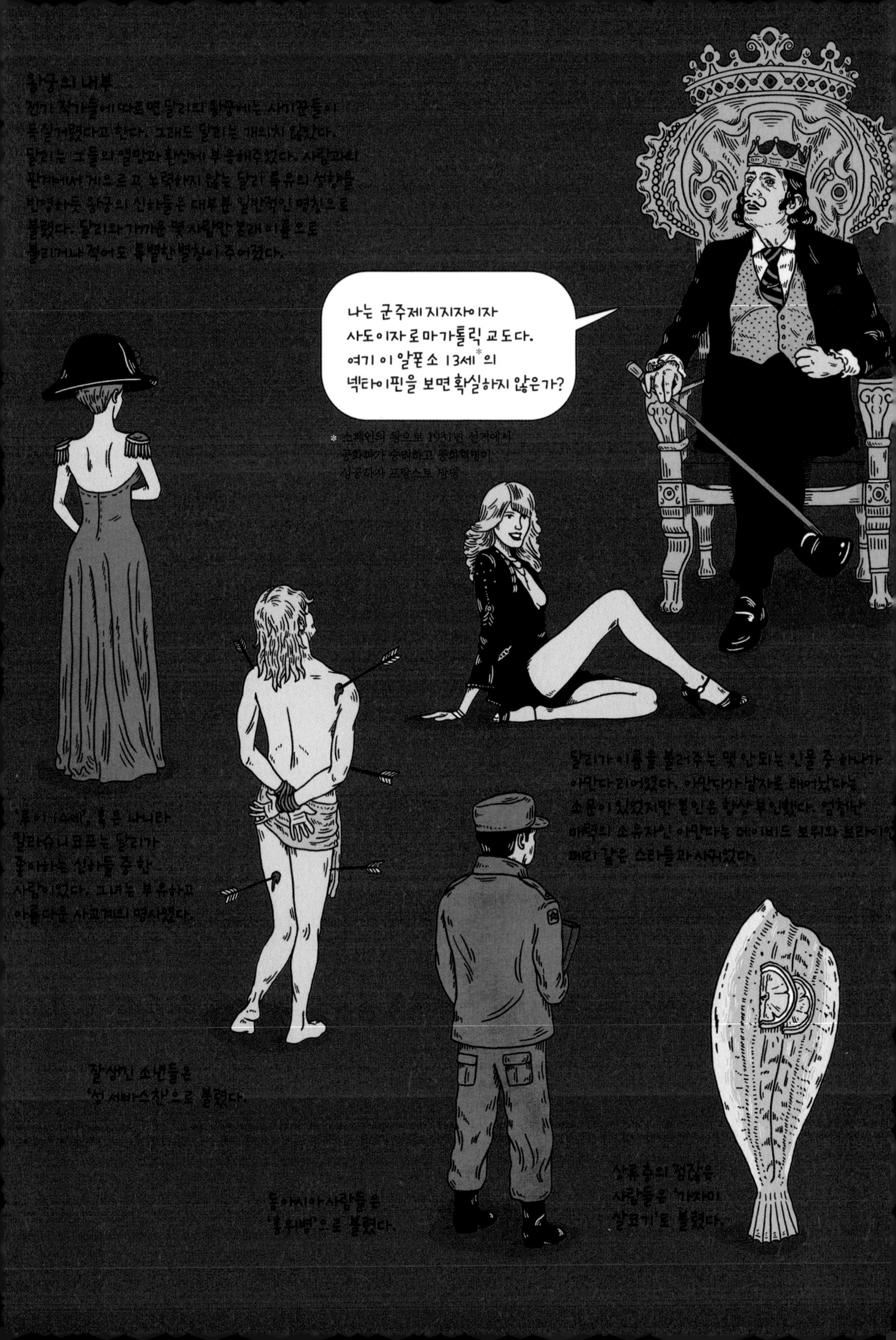
황궁의 내부
전기 작가들에 따르면 달리의 황궁에는 사기꾼들이 득실거렸다고 한다. 그래도 달리는 개의치 않았다. 달리는 그들의 열망과 환상에 부응해주었다. 사람과의 관계에서 게으르고 노력하지 않는 달리 특유의 성향을 반영하듯 황궁의 신하들은 대부분 일반적인 명칭으로 불렸다. 달리와 가까운 몇 사람만 본래 이름으로 불리거나 적어도 특별한 별칭이 주어졌다.
나는 군주제 지지자이자 사도이자 로마가톨릭 교도다. 여기 이 알폰소 13세*의 넥타이핀을 보면 확실하지 않은가?
* 스페인의 왕으로 1931년 선거에서 공화파가 승리하고 공화혁명이 성공하자 프랑스로 망명
'루이 14세', 혹은 나니타 칼라슈니코프는 달리가 좋아하는 신하들 중 한 사람이었다. 그녀는 부유하고 아름다운 사교계의 명사였다.
달리가 이름을 불러주는 몇 안 되는 인물 중 하나가 아만다 리어였다. 아만다가 남자로 태어났다는 소문이 있었지만 본인은 항상 부인했다. 엄청난 매력의 소유자인 아만다는 데이비드 보위와 브라이언 페리 같은 스타들과 사귀었다.
잘생긴 소년들은 '성 세바스찬'으로 불렸다.
동아시아 사람들은 '홍위병'으로 불렸다.
상류층의 점잖은 사람들은 '가자미 살코기'로 불렸다.

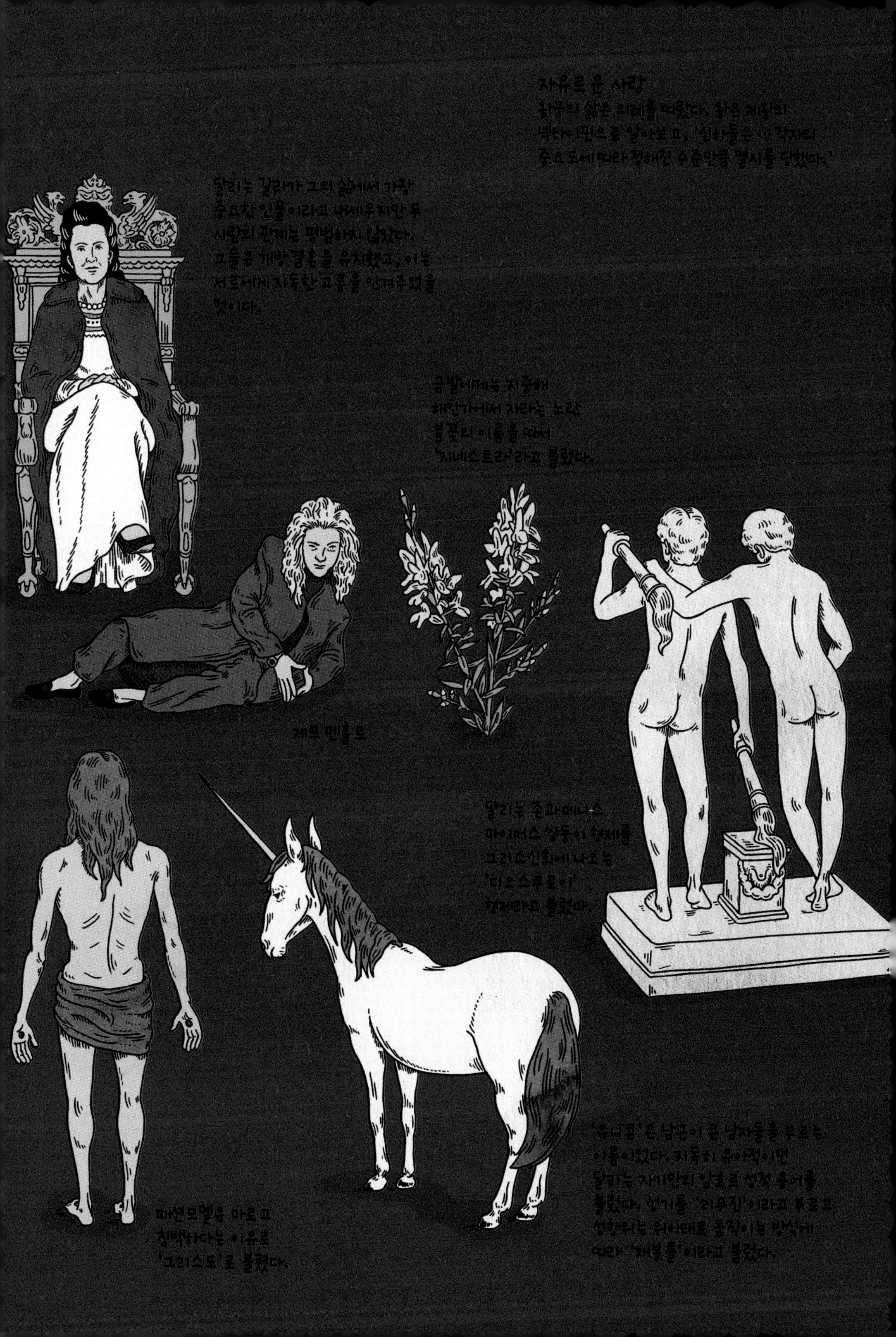
자유로운 사랑
황궁의 삶은 의례를 따랐다. 황은 제왕의
넥타이핀으로 알아보고, '신하들은 … 각자의
중요도에 따라 정해진 수준만큼 멸시를 당했다.'
달리는 갈라가 그의 삶에서 가장
중요한 인물이라고 내세우지만 두
사람의 관계는 평범하지 않았다.
그들은 개방결혼을 유지했고, 이는
서로에게 지독한 고통을 안겨주었을
것이다.
금발에게는 지중해
해안가에서 자라는 노란
꽃의 이름을 따서
'지네스트라'라고 불렀다.
제프 펜홀드
달리는 존 파메니스
마이어스 쌍둥이 형제를
그리스신화에 나오는
'디오스쿠로이'
형제라고 불렀다.
'유니콘'은 남궁이 된 남자들을 부르는
이름이었다. 지독히 유아적이던
달리는 자기만의 암호로 성적 용어를
불렀다. 성기를 '리무진'이라고 부르고
성행위는 위아래로 움직이는 방식에
따라 '재봉틀'이라고 불렀다.
패션모델은 마르고
창백하다는 이유로
'그리스도'로 불렸다.

거침없는 추구

달리는 항상 외부의 영향을 잘 받는 사람이었다. 노년에는 현대과학, 그중에서도 원자론에서 영감을 얻었다. 달리는 이렇게 말했다. "오늘날에는 외부 세계 – 물리학의 세계 – 가 심리학의 세계를 초월했다. 오늘날 내 아버지는 하이젠베르크 박사다." 베르너 하이젠베르크Werner Heisenberg의 선구적인 원자론 연구를 반영한 작품인 〈라파엘로풍 머리의 폭발Exploding Raphaelesque Head〉에서는 물질이 소용돌이치는 입자로 증발한다. 나중에 달리는 소용돌이 형태에서 '코뿔소의 뿔'을 보았다. 그는 코뿔소에 매료당했다. 코뿔소 뿔을 그리고, 코뿔소에 관한 영화를 만들고, 어디에나 뿔이 '보인다'고 주장했다. 그의 이전 작품에도 있고 카다케스의 대암초에도 뿔이 있다고 했다.

이처럼 과대망상증적으로 원자론과 고전주의, 코뿔소에 대한 열광을 혼합하려는 시도는 무신경하고 시의적절하지 않았다. 달리는 원자력을 고전적인 질서(와 라파엘로)와 연결하면서 평온하고도 사악한 힘으로 그리지만 이미 2차 세계대전 중에 원자력의 가공할만한 위력이 드러난 터였다. 히로시마에 처음 원자폭탄이 떨어졌을 때 7만 명이 즉시 증발했다. 달리는 그날을 기억한다. "1945년 8월 6일의 원자폭탄으로 나는 엄청난 충격에 휩싸였다. 그때부터 원자는 내가 좋아하는 생각거리가 되었다. 이 시기에 그린 여러 편의 풍경화에는 원폭 소식으로 받은 막대한 공포가 표현된다." 그것은 어린 왕이 다시 우려할만한 주제에서 이득을 포착하고 한바탕 뽑아먹으려는 것처럼 보일 뿐이었다. 히로시마에 원자폭탄이 떨어지기 불과 1년 전에 작가 조지 오웰George Orwell은 "(달리는) 벼룩만큼 반사회적이다."라고 말했다.

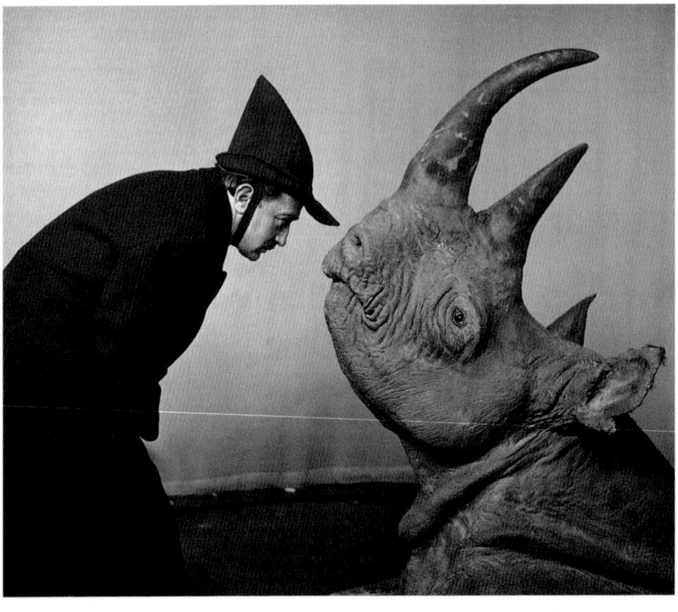

달리와 코뿔소
CBS 프로그램 〈혼돈과 창조 Chaos and Creation〉 중에서, 1956년.

필립 할스먼(Philippe Halsman) 사진

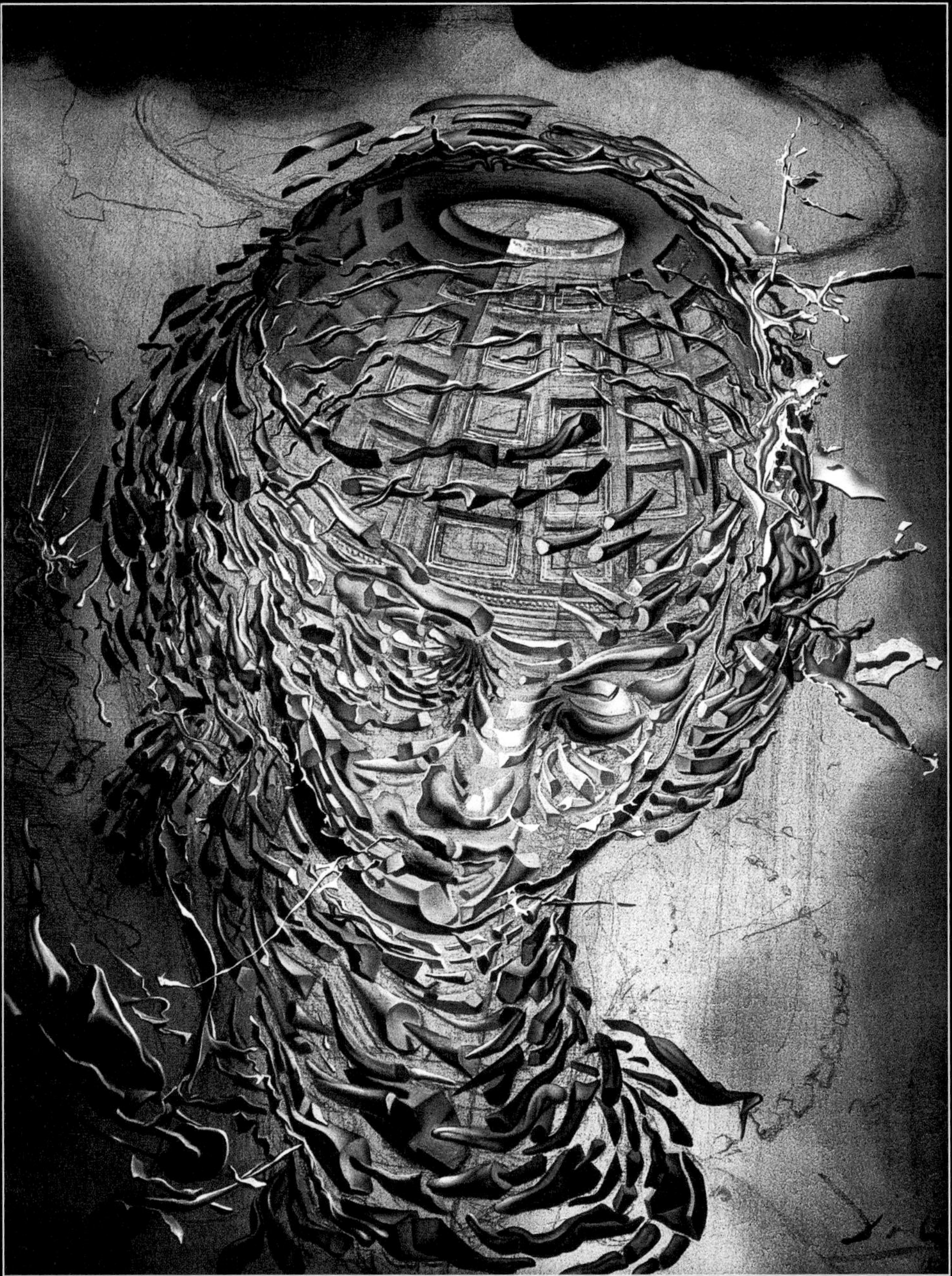

라파엘로풍 머리의 폭발
Exploding Raphaelesque Head

살바도르 달리, 1951

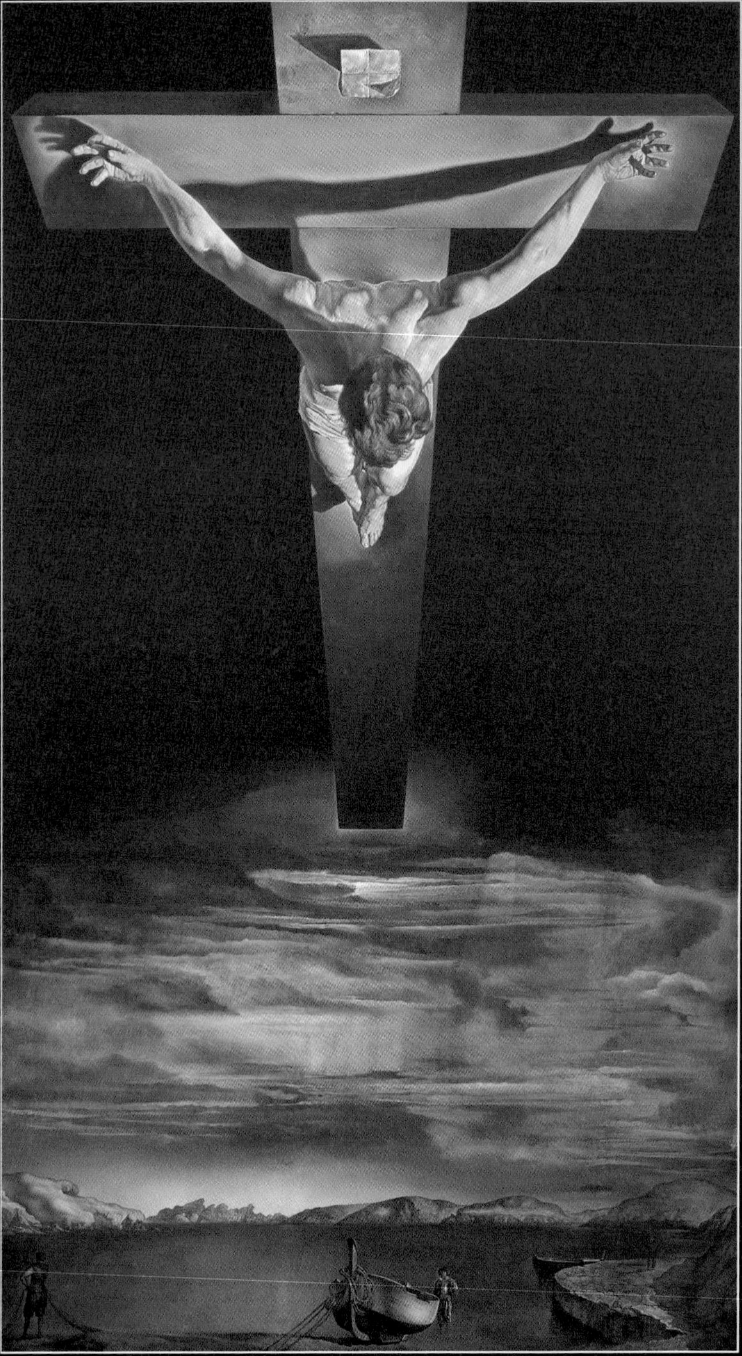

십자가의 성 요하네스 그리스도

Christ of St. John of the Cross

살바도르 달리, 1951년경

캔버스에 유채
$80\frac{3}{4} \times 45\frac{3}{4}$ in (204.8 × 115.9 cm)
미술관과 박물관, 켈빈그로브, 글래스고

영성

달리의 후기 작품에는 새로운 신비주의가 담겨있다. 전후에 유럽에 돌아온 달리는 가톨릭에 헌신하겠다는 다짐을 거듭 확인하면서 엄청난 공을 들여 교황을 만났고, 교황은 달리에게 축복을 빌어주었다. 교황의 축복이 달리에게 어떤 의미인지는 알 수 없다. 혹시 애정에 굶주린 어린 왕은 단지 인정받고 싶었던 걸까? 종교가 또 하나의 강력한 주제였을 수도 있다. 달리는 불경하게 하나님의 역할을 자처하며 이렇게 적는다. "나, 달리는 작품으로 모든 물질의 영성을 드러내서 우주의 통일성을 밝히겠다."

〈십자가의 성 요하네스 그리스도Christ of St. John of the Cross〉는 웅장한 종교적 작품 활동의 경지였다. 달리는 이 작품에서 '그리스도의 신비로운 아름다움'을 포착하고자 한다. 십자가를 포르트 리가트에 옮겨놓는다. 만bay이 내다보이는 그의 집 정문에서 바라본 장면이고, 전경에는 갈라의 노란 고기잡이배가 밧줄에 매어 있다. 평화로운 십자가형으로, 못으로 십자가에 박히지 않고 피도 흐르지 않는다. 성경의 그리스도는 "주여, 왜 나를 버리시나이까?"라고 절규하지만 달리의 그리스도는 혼자가 아니다. 아버지 하나님의 존재가 기이한 원근법으로 암시된다. 그리스도를 높은 자리에서 끌어내려서 하나님이 하늘에서 아들을 굽어본다고 암시한다. 암시된 하나님과 아들의 친밀감은 달리 자신이 아버지와 화해한 일을 반영하는 듯하다.

이 작품은 절묘한 솜씨로 신념과 관심을 잘 버무린다. 초현실주의를 엄격한 현실주의와 화해시킨 바 있는 달리는 이제 영성과 과학적인 객관성을 결합한다. 그는 새로운 믿음을 원자핵 신비주의라고 불렀다. 핵물리학을 가장 선명하게 보여준 부분은 그리스도의 머리를 둘러싼 그림자로 '원자의 핵'을 상징하는 것으로 보인다. 철저히 수학적인 비율로 구성해서 하나님의 영역이 세밀한 풍경 위에 자리한다. 그리스도의 몸은 치밀한 분석을 바탕으로 한다. 험난한 섭외 과정 끝에 할리우드 스턴트맨 러셀 손더스Russel Saunders를 그리스도 모델로 발탁했다. 손더스를 끈으로 묶어서 기중기에 매달았는데, 중력의 힘에 근육이 어떻게 반응하는지 확인하기 위해서였다.

이상적인 것들이 결합해서 매우 독특한, 십자가에 매달린 그리스도의 장면이 나왔다. 흔히 현실주의적인 표현에서는 그리스도가 겪는 신체적 고통이 부각된다. 대신에 달리는 그리스도의 아름다움을 전면에 내세우면서 십자가에 '못 박지 않는' 방식으로 자칫 다이빙 챔피언으로도 보일만한 그리스도를 그려냈다. 영성이 키치적인 예술에 살짝 발을 들여놓은 셈이다.

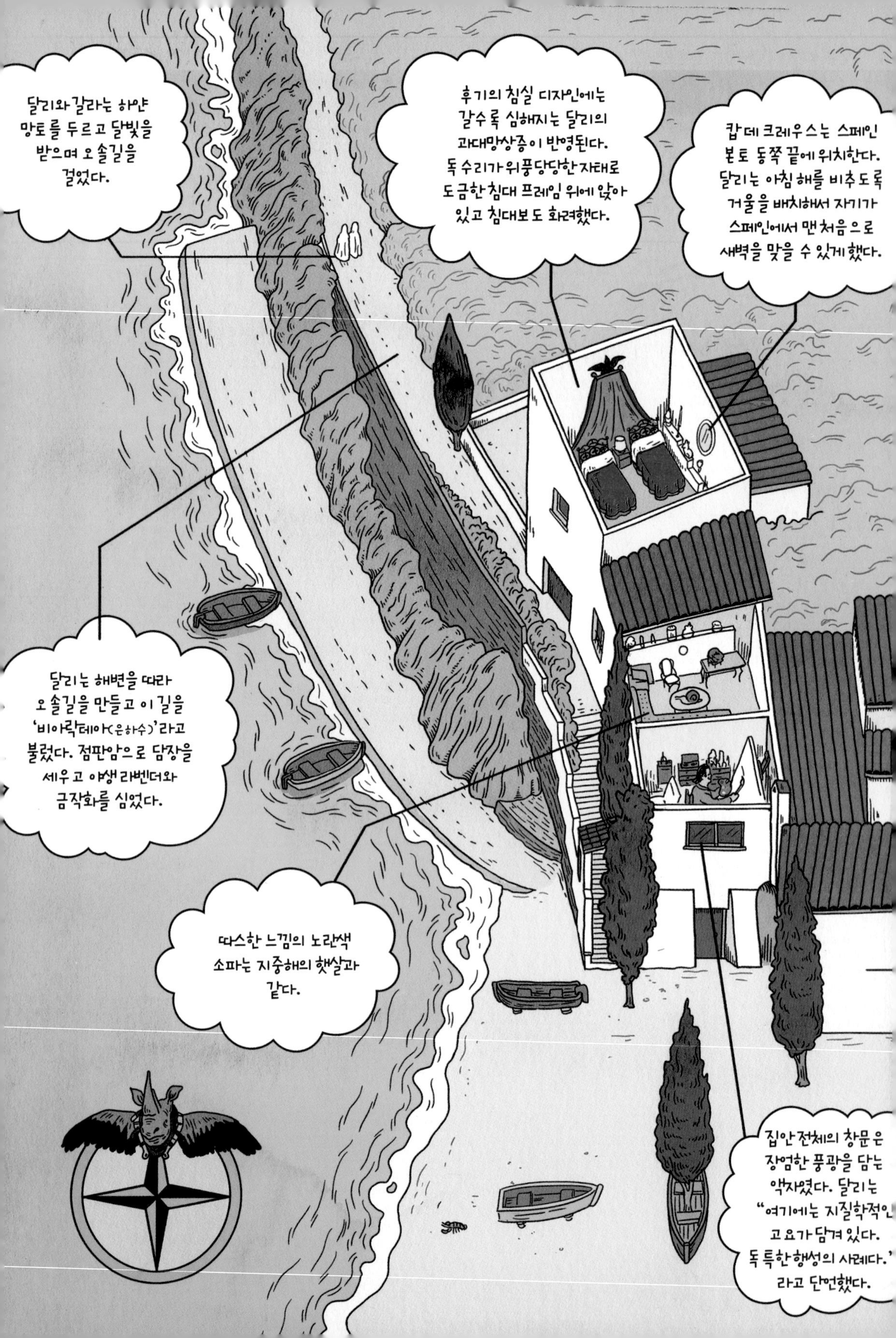
달리와 갈라는 하얀
망토를 두르고 달빛을
받으며 오솔길을
걸었다.
후기의 침실 디자인에는
갈수록 심해지는 달리의
과대망상증이 반영된다.
독수리가 위풍당당한 자태로
도금한 침대 프레임 위에 앉아
있고 침대보도 화려했다.
캅데크레우스는 스페인
본토 동쪽 끝에 위치한다.
달리는 아침 해를 비추도록
거울을 배치해서 자기가
스페인에서 맨처음으로
새벽을 맞을 수 있게 했다.
달리는 해변을 따라
오솔길을 만들고 이 길을
'비아락테아(은하수)'라고
불렀다. 점판암으로 담장을
세우고 야생 라벤더와
금작화를 심었다.
따스한 느낌의 노란색
소파는 지중해의 햇살과
같다.
집안 전체의 창문은
장엄한 풍광을 담는
액자였다. 달리는
"여기에는 지질학적인
고요가 담겨 있다.
독특한 행성의 사례다."
라고 단언했다.

달리의 집, 포르트 리가트, 1930–83

달리와 갈라는 어부들이 살던 소박한 오두막을 웅장한 저택으로 변신시켰다. 실내 장식은 절제미를 살렸다. 그곳에는 초현실적인 즐거움을 주는 순간들이 있다. 먼저 목걸이와 보석으로 치장하고 지팡이 든 북극곰이 반겨주고, 전반적으로 미로처럼 배치해서 한 층을 분할하고, 좁고 미로처럼 복잡한 복도가 이어지고, 막다른 길도 나온다. 하지만 전반적인 느낌은 차분하고 평화롭다. 하얗게 칠한 방에 화사한 색상의 카펫을 깔아 아늑해 보인다. 가구는 소박하고 고풍스러우며 색깔은 튀지 않는데, 실내 장식이 대체로 한 가지 색상을 중심으로 조화를 이룬다. 건물 외부는 전쟁 이후에 만들어서 내부와는 전혀 다른 분위기다. 기이한 과시 행위와 절박함이 혼재되어 늙은 사람이 젊은이들에게 강한 인상을 심어주고 충격을 주려는 의도가 엿보인다.

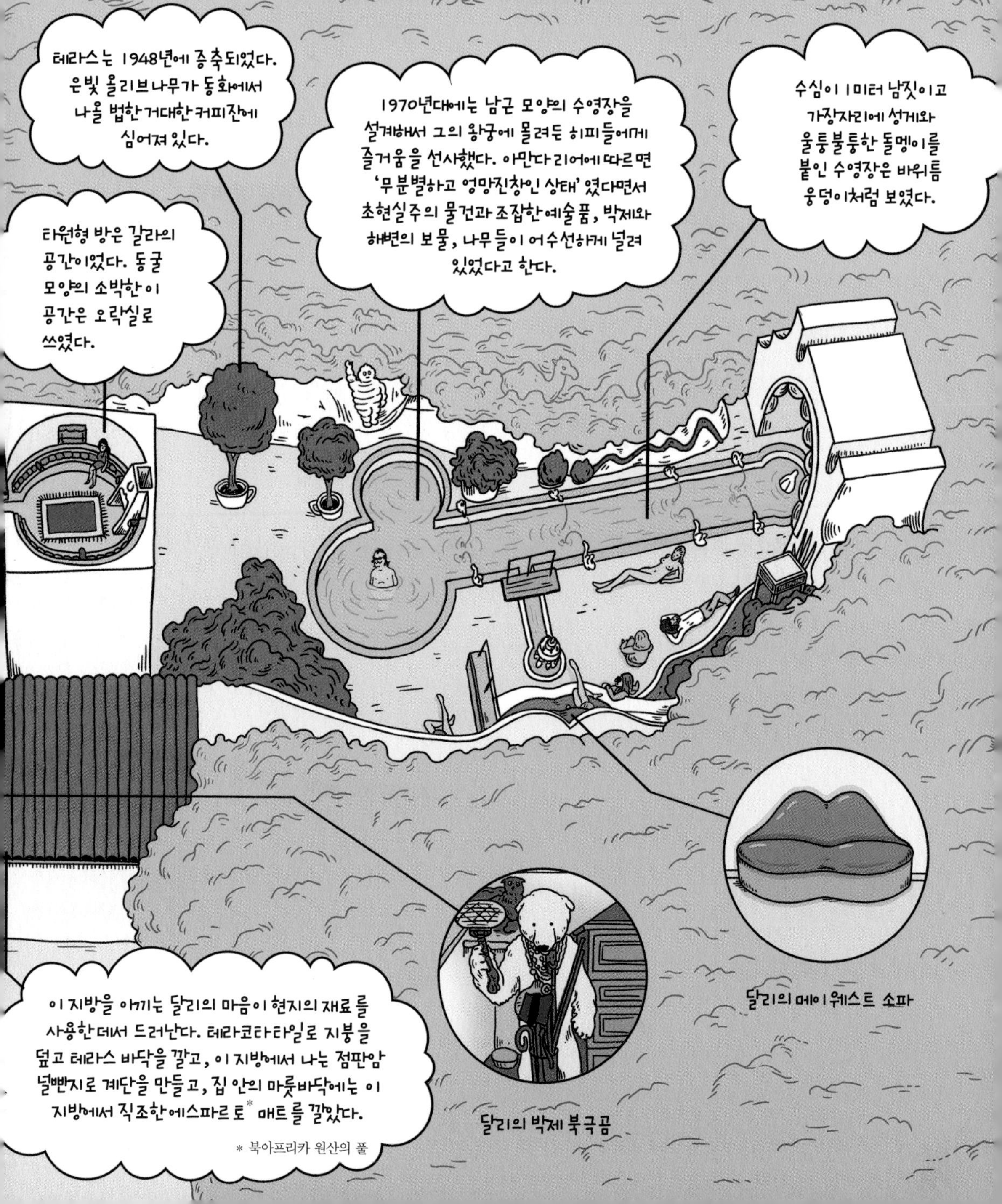

* 북아프리카 원산의 풀

세계 최대의 초현실주의 박물관

달리의 가장 웅장한 작품은 피게레스의 극장-박물관이다. 이곳은 궁극의 초현실주의 오락물이다. 아만다 리어에 따르면 달리는 '환상, 무질서, 거드름을 철저히 배제한 자세'를 원했다고 한다. 이곳은 달리의 환상이 담긴 놀이 시설로, 계단 옆 곰에서 시작해서 환각을 유발하는 메이 웨스트 방까지 갖춰져 있다. 예술, 골동품에 대한 호기심, 생물학적 경이, 유원지의 명물, 달리가 소장한 진귀한 보석까지 모두 이곳에 전시되어 있다.

메이 웨스트 방은 실제 공간 안에서 '이중 현실'을 실현한 작품이다. 방안에 예술품과 가구를 적절히 배치해서 메이 웨스트 얼굴의 3차원 착시를 일으킨다. 그림 두 점이 눈이 되고, 휘장이 머리, 소파가 입술, 벽난로가 코가 된다. 소파는 방안의 중심이다. 달리의 넋을 빼앗은 메이 웨스트Mae West*의 입술은 할리우드 스타의 본질을 체현했다. 관객은 그 입술 위에 앉도록 초대받는데 … 달리는 그런 경험에 유머와 성적 빈정거림을 채웠다.

* 미국의 영화배우이자 희곡작가. 육체파 금발 여배우의 아이콘

이 박물관은 1974년 9월 28일에 문을 열었다. 서커스 동물들과 고적대까지 등장해서 국제적인 예술 행사라기보다는 유원지에 가까웠다. 달리가 감송(그의 어머니가 발코니에서 기르던 꽃)을 들고 아만다와 함께 들어설 때 갈라는 군중 속에서 당시 사귀던 가수 제프 펜홀트를 찾았다. 다소 형편없는 개관식은 달리의 추락한 명성을 보여주었다.

재정 스캔들

'갈라달리'라는 짐승은 만족을 몰랐고, 그들의 재정 상태는 터무니없었다. 갈라는 세금을 내지 않으려고 세계 곳곳으로 돈을 빼돌리면서 뻔뻔하게도 지폐를 가득 채운 돈 가방을 들고 세관을 통과했다. 스위스에 계좌를 만들고 집 주변에 현금 다발을 숨겼다. 1960년대 중반에 달리는 빈 종이에 서명하기 시작했다. 원래는 출판사에서 나중에 그 위에 인쇄할 예정이었지만 종이는 결국 불법으로 팔려나갔고, 위조범들이 몰려들었다. 그러면 달리는 어땠을까? 전혀 개의치 않았다. "나는 이미 그들에게서 작품 값을 받았다." 1975년에 미국 국세청이 달리의 납세 신고서를 조사하기 시작했다.

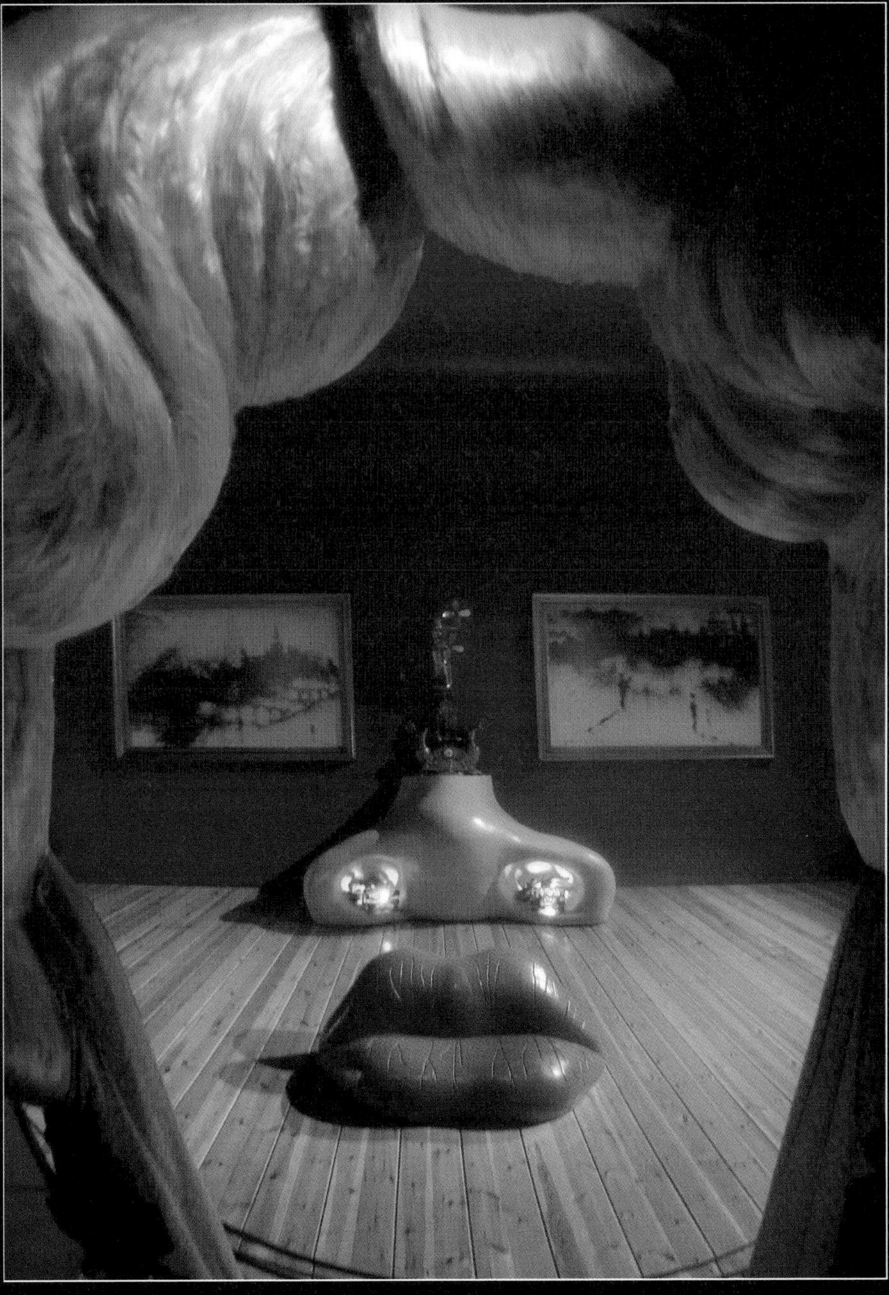

초현실적인 결말

제프 펜홀트와의 애정행각은 사실 갈라가 달리에게 사기 친 것이었다. 달리는 갈라가 떠날까봐 노심초사하던 터였다. 갈라는 조바심치는 남편을 진정시키려고 약을 처방받았고, 이 약은 파킨슨병과 유사한 증상을 유발했다. 달리는 손이 떨려서 그림을 그리지 못할 정도였다. 이것은 비참한 결말의 서곡이었다.

1982년 6월 10일, 갈라가 포르트 리가트의 자택에서 사망했다. 생전에 갈라가 푸볼 성에 묻히기를 원한 사실을 아는 달리는 혹시라도 당국에서 사망한 곳에서 장례를 치르라고 지시할까봐 우려하여 마지막 초현실주의 연극을 기획했다. 그는 갈라의 시신을 평소 애지중지하던 캐딜락에 앉혔다. 갈라는 간호사 옆에 똑바로 앉아서 푸볼 성으로 가서 성의 지하실에서 안식을 찾았다. 평소 좋아하던 빨간색 디오르 드레스를 입고 그녀의 상징과도 같은 검정색 벨벳 리본을 달았다. 달리는 관 위에 감송 한 다발을 놓아두라고 지시했다. 장례식에는 도저히 참석할 수 없어서였다. 몇 시간 지나서 달리는 갈라의 무덤을 찾아가 애처롭게도 사촌에게 자랑했다. "보라고, 나 울지 않아."

갈라가 세상을 떠나자 달리는 살아갈 의지를 잃었다. 오랜 친구이자 후원자인 마라 알바레토Mara Albaretto는 이렇게 말했다. "아무리 서로 다르고, 아무리 많이 싸우더라도, 그들은 서로에게 없어서는 안 될 존재였다. 갈라는 중추이자 의지였다. 그리고 이제 갈라는 떠났다. 달리는 어머니에게 버림받은 어린애 같은 심정이었다." 달리는 갈라의 침실에서 식음을 전폐했다. 어느 날 밤 화재로 달리는 심한 화상을 입었다. 생명에는 지장이 없어서 몇 년 더 살기는 했지만 비참한 처지로 지냈다. 1988년에는 건강이 더 악화되었고, 스페인의 왕인 후안 카를로스를 만나려는 욕구에 사로잡혔다. 어린 왕의 마지막 변덕을 들어주기 위해 12월 5일에 왕이 친히 병원을 찾았다. 그리고 몇 주 후 1989년 1월 23일에 달리는 세상을 떠났다.

달리는 죽은 이후의 삶을 계획해 놓았다. 시신을 방부처리하고 콧수염을 왁스로 고정시키고 소박한 베이지색 튜닉*을 입힌 채 그의 박물관 둥근 지붕 안에 안치하도록 했다. 매장된 장소는 논란거리로 남아 있다. 원래 달리는 왕비 곁에 묻히고 싶었지만 마지막 몇 주 사이에 계획을 바꾸었다. 어린 왕은 그만의 왕릉에서 그의 보물과 함께 묻히는 편이 어울려 보인다.

* 가톨릭의 성직자가 미사 때 착용하는 길이가 긴 제례복

왕좌에 앉은 달리
1974년 9월 27일, 카다케스

존 브라이슨 사진

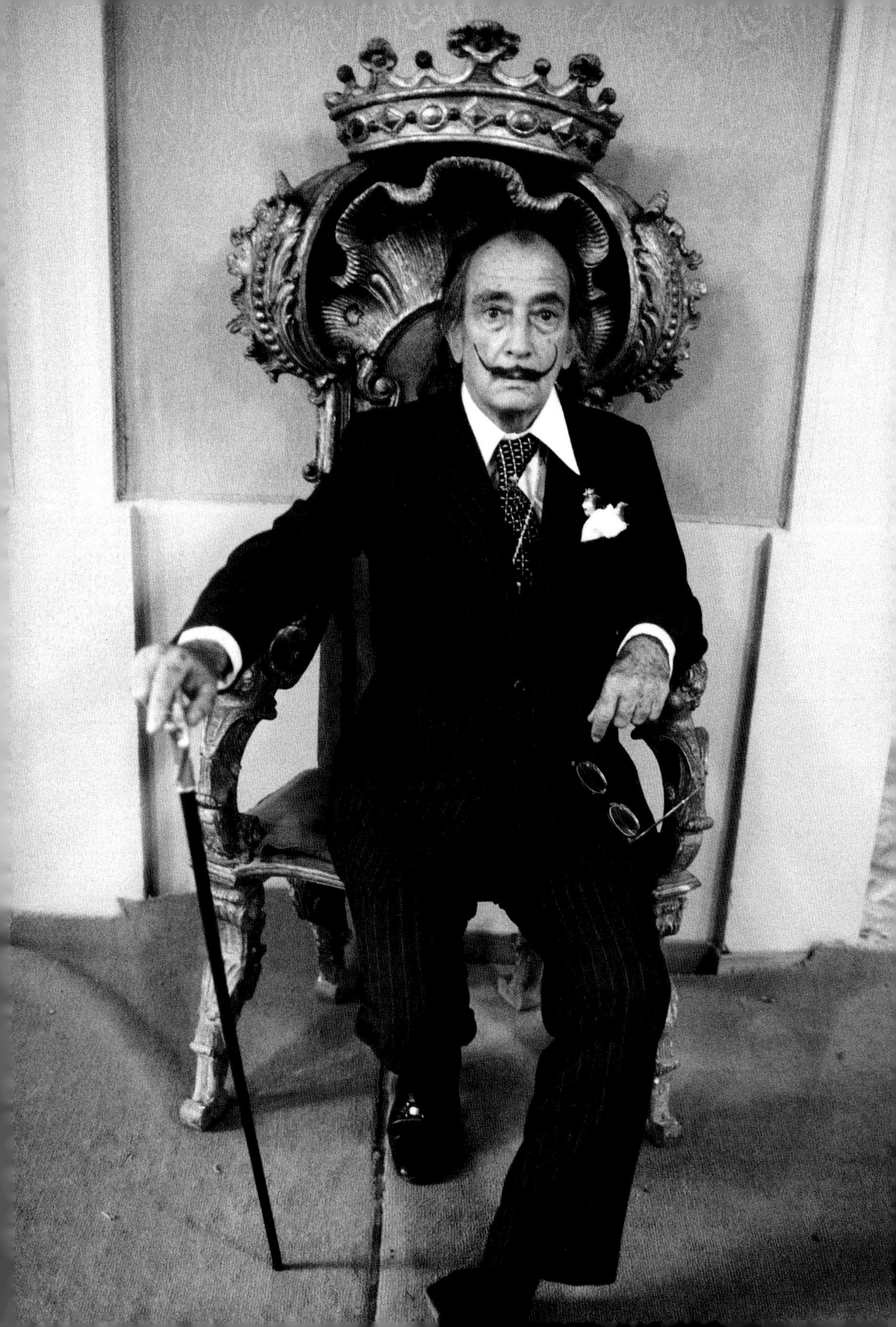

작품 저작권

참고 문헌

Ades, Dawn. Dalí. Thames & Hudson, 1995.

Ades, Dawn & Simon Baker, eds. *Undercover Surrealism, Georges Bataille and DOCUMENTS*, MIT Press, 2006.

Gala-Salvador Dalí Foundation. *Salvador Dalí: An Illustrated Life*, Tate Publishing, 2007.

Bataille, Georges. *Erotism: Death and Sensuality*, City Lights Books, 1986.

Brassaï, George. *Conversations with Picasso*, University of Chicago Press, 2003.

Caws, Mary Ann. *Salvador Dalí*, Reaktion Books, 2008.

Dalí, Salvador. *The Secret Life of Salvador Dalí*, Alkin Books, 1993.

Dalí, Salvador. *Hidden Faces*, Peter Owen, 2007.

'Dali's display', *Time* magazine, Monday 27 March, 1939.

Elsohn, Ross. *Michael Salvador Dali and the Surrealists: Their Lives and Ideas*, Chicago Review Press, 2003.

Etherington-Smith, Meredith. *The Persistence of Memory: A Biography of Dalí*, Random House, 1993.

Fanés, Fèlix. Salvador Dalí: *The Construction of the Image 1925-1930*, Yale University Press, 2007.

Finkelstein, Haim, ed. *The Collected Writings of Salvador Dalí*, Cambridge University Press, 1998.

Freud, Sigmund. *The Interpretation of Dreams*, Basic Books, 2010.

Gale, Matthew, ed. *Dalí and Film*, Tate Publishing, 2007.

Gibson, Ian. *The Shameful Life of Salvador Dalí*, Faber and Faber, 1998.

Hamalian, Linda. *The Cramoisy Queen: A Life of Caresse Crosby*, Southern Illinois University Press, 2009.

Krauss, Rosalind. *The Optical Unconscious*, MIT Press, 1996.

Lear, Amanda. *My Life with Dalí*, Virgin Books, 1985.

McGirk, Tim. *Wicked Lady: Salvador Dalí's Muse*, Headline, 1989.

Mundy, Jennifer & Dawn Ades, eds. *Desire Unbound*. Tate Publishing, 2001.

Raeburn, Michael, ed. *Salvador Dalí: The Early Years*, South Bank Centre, 1994.

Rojas, Carlos. *Salvador Dalí: Or the Art of Spitting on Your Mother's Portrait*, Pennsylvania State University Press, 1993.

Schaffner, Ingrid. *Salvador Dalí's Dream of Venus: The Surrealist Funhouse from the 1939 World's Fair*, Princeton Architectural Press, 2002.

Thurlow, Clifford. *Sex, Surrealism, Dalí and Me*, Razor Books, 2000.

사랑하는 매튜에게 바친다

이런 정신 나간 기획을 추진해 준 로렌스 킹Laurence King에게 진심으로 감사하며, 창조적 지도편달을 해준 앵거스 하일랜드Angus Hyland에게도 말로 다 표현할 수 없는 고마움을 느낀다. 부단한 도움을 준 조 라이트풋Jo Lightfoot과 사려 깊은 지시와 세심한 편집을 해준 멜리사 대니Melissa Danny, 이토록 멋진 이미지들을 제공해 준 줄리아 럭스턴Julia Ruxton에게 감사를 전한다. 모든 디자인 작업을 맡아 준 제이슨 리베이로Jason Ribeiro와 창조적 기여를 해준 멜라니 뮤스Melanie Mues에게 감사한다. 시작 단계부터 이 기획을 지원해 준 앤드류 레이Andrew Rae에게 정말 감사드린다. 또한 기획 초기 단계에 격려와 지원을 베풀어 준 사라 로베타Sara Roveta는 물론, 아낌없는 제안을 해준 조 마쉬 Jo Marsh에게도 매우 감사드린다.

오랫동안 응원해 주신 엄마와 아빠께도 고맙다는 말씀을 전하고 싶다. 이토록 즐거운 시간을 보내게 해준 룰루Lulu와 샘Sam에게도 감사한다.

캐서린 잉그램, 2013년

글 **캐서린 잉그램**Catherine Ingram

캐서린은 프리랜서 미술사가이다. 글래스고 대학교(Glasgow University)에서 1등급 우등 학위(First Class Honours degree)로 졸업했으며 재학 중에는 허니맨 장학금을 받았다. 코톨드 미술 연구소(Courtauld Institute of Art)에서 19세기 미술 전공으로 석사 학위를 받은 캐서린은 옥스퍼드 대학교 트리니티 칼리지(Trinity College) 대학원 장학생이 되었다. 박사 학위를 취득한 후에는 옥스퍼드 대학교 모들린 칼리지(Magdalen College)에서 성적 우수자 장학생(Prize Fellow)이 되었다. 캐서린은 크리스티 교육원(Christie's Education)에서 석사과정을 지도했고, 임페리얼 칼리지(Imperial College)에서 강의를 맡아 학부 이과생들에게 미술사를 가르쳤다. 테이트 갤러리(Tate Gallery)에서 강좌들을 진행하기도 했고 사우스 런던 갤러리(South London Gallery)에서 개인 비서를 맡기도 했다. 가족과 함께 런던에 살고 있다.

일러스트레이션 **앤드류 레이**Andrew Rae

앤드류는 일러스트레이터이자 일러스트레이션 공동 제작소 핍쇼(Peepshow)의 일원이다. 브라이튼 대학교(Brighton University)를 나왔으며, 광고, 인쇄, 출판, 애니메이션 분야에서 전 세계의 많은 고객을 위해 일했다. 현재 런던에 거주하며 일하고 있다.

옮긴이 **문희경**

서강대학교 사학과를 졸업하고, 가톨릭대학교 대학원에서 심리학을 전공했다. 전문번역가로 활동하고 있으며 옮긴 책으로는 《박쥐》《프로이트의 여동생》《상처 입은 가족을 위한 심리학》《너브》《장사의 시대》《우리는 왜 빠져드는가》《아멘, 아멘, 아멘》 등이 있다.